Gerhard Kempf

Textknacker

Lesetexte besser verstehen
und
kreativ schreiben können

2. Jahrgangsstufe

Zeichnungen: Monika Hirmer

© pb-Verlag • 81243 München • 2022

ISBN 978-3-89291-**635**-**2**

SACHUNTERRICHT

1./2. JAHRGANGSSTUFE

REICHERT/VOGT

HSU KOMPAKT
1. JAHRGANGSSTUFE BAND I

128 SEITEN, DIN A4
STUNDENBILDER
MIT KOPIERVORLAGEN

BEST.NR.: 270   22,90 €

REICHERT/VOGT

HSU KOMPAKT
1. JAHRGANGSSTUFE BAND II

134 SEITEN, DIN A4
STUNDENBILDER
MIT KOPIERVORLAGEN

BEST.NR.: 271   22,90 €

REICHERT/VOGT

SCHULE,
EINE NEUE GEMEINSCHAFT
1. JAHRGANGSSTUFE

62 SEITEN, DIN A4
STUNDENBILDER MIT
KOPIERVORLAGEN

BEST.NR.: 043   16,90 €

REICHERT/VOGT

HSU KOMPAKT
2. JAHRGANGSSTUFE BAND I

138 SEITEN, DIN A4
STUNDENBILDER
MIT KOPIERVORLAGEN

BEST.NR.: 272   22,90 €

REICHERT/VOGT

HSU KOMPAKT
2. JAHRGANGSSTUFE BAND II

156 SEITEN, DIN A4
STUNDENBILDER
MIT KOPIERVORLAGEN

BEST.NR.: 273   24,90 €

REICHERT/VOGT

LEBENSRAUM HECKE
2. JAHRGANGSSTUFE

57 SEITEN, DIN A4
STUNDENBILDER MIT
KOPIERVORLAGEN

BEST.NR.: 006   16,90 €

REICHERT/VOGT

KOMPETENZORIENTIERTER
SACHUNTERRICHT 1./2. BD.I:
TECHNIK UND KULTUR

74 SEITEN, DIN A4
STUNDENBILDER
MIT KOPIERVORLAGEN

BEST.NR.: 128   17,90 €

ALINE KURT

RUND UMS HAUSTIER
HUND UND KATZE
1./2. JAHRGANGSSTUFE

60 SEITEN, DIN A4
KOPIERVORLAGEN

BEST.NR.: 005   14,90 €

REICHERT/VOGT

GESUNDE
ERNÄHRUNG
2. JAHRGANGSSTUFE

64 SEITEN, DIN A4
STUNDENBILDER MIT
KOPIERVORLAGEN

BEST.NR.: 048   16,90 €

M. KELNBERGER

LERNZIELKONTROLLEN
IN BAUSTEINEN 2. KLASSE BD.I
SOZIALER BEREICH

72 SEITEN, DIN A4
KOPIERVORLAGEN

BEST.NR.: 591   16,90 €

M. KELNBERGER

LERNZIELKONTROLLEN
IN BAUSTEINEN 2. KLASSE BD.II
NATURKUNDLICHER BEREICH

102 SEITEN, DIN A4
KOPIERVORLAGEN

BEST.NR.: 636   19,90 €

CHRISTINE SIKASA

DIE KLEINE
RÄTSELKISTE ZUM
SACHUNTERRICHT 1./2. KLASSE

28 SEITEN, DIN A4
KOPIERV.   **REDUZIERT**

BEST.NR.: 007   4,90 €

ELFI SCHAUNER

VERKEHRSERZIEHUNG
1./2. JAHRGANGSSTUFE

56 SEITEN, DIN A4
KOPIERVORLAGEN

BEST.NR.: 151   14,90 €

CORINNA BEIERLEIN

KLANGGESCHICHTEN
ZUM SACHUNTERRICHT
1./2. JAHRGANGSSTUFE

31 SEITEN, DIN A4
KOPIERVORLAGEN

BEST.NR.: 017   9,90 €

Inhaltsverzeichnis

Quellenangaben

- Josef Guggenmos: Jeder kann etwas. Aus: Josef Guggenmos: Oh, Verzeihung sagte die Ameise. © 1990, 2002 Beltz & Gelberg in der Verlagsgruppe Beltz, Weinheim und Basel
- Erich Brehm: Scherben. Aus: Mein Lesebuch für das 2. Schuljahr. bsv Verlag, München 1967 (S. 129)
- Erika Zahn: Die Legende vom Ochsen und vom Esel. Aus: Lesebuch 3. bsv Verlag, München 1996 (S. 148) © Erika Zahn, Gröbenzell
- Jan P. Schniebel: „Rotfuchs liest". Aus: J. P. Schniebel, Fuchs-Jux. Comicstrips © 1974 by Rowohlt Taschenbuch Verlag GmbH, Reinbek bei Hamburg
- Heinrich Hannover: Der tollpatschige Osterhase. Aus: Das Pferd Huppdiwupp und andere lustige Geschichten. Rowohlt Taschenbuch Verlag, Reinbek 1972 © 1968 by Heinrich Hannover
- Der Mampf (Überschrift von G. Kempf). Gedicht des Monats aus Schul-Jugendzeitschrift: „Ich TU WAS!". © Domino Verlag, München August 2005
- James Krüss: Novemberwetter. © James Krüss, 2001. Aus: Der wohltemperierte Leierkasten, erschienen im C. Bertelsmann Jugendbuch Verlag, München, einem Unternehmen der Verlagsgruppe Random House GmbH
- Josef Guggenmos: Mein Ball. Aus: Die Kinder der Stadt. © Beltz & Gelberg in der Verlagsgruppe Beltz, Weinheim und Basel o. J.
- Hans Stempel und Martin Ripkens: Kinderkram. Aus: Purzelbaum, Verse für Kinder. © Ellermann Verlag, München 1972
- Josef Guggenmos: Was denkt die Maus am Donnerstag? Aus: Josef Guggenmos: Was denkt die Maus am Donnerstag? © 1998 Beltz & Gelberg in der Verlagsgruppe Beltz, Weinheim und Basel
- Josef Guggenmos: O unberachenbere Schreibmischane. Aus: Josef Guggenmos: Was denkt die Maus am Donnerstag? © 1998 Beltz & Gelberg in der Verlagsgruppe Beltz, Weinheim und Basel
- Marina Thudichum: Das Brot. Aus: „Kommuniongeschichten". © Ludwig Auer Verlag, Donauwörth o.J.
- Werner Halle: Gemüseball. Aus: Bilder und Gedichte für Kinder. Erstausgabe Westermann Verlag, Braunschweig, 1971 © Ilse Halle, Karlsruhe
- Irina Korschunow: Hanno malt sich einen Drachen. Zeichnungen von Mary Rahn. © 1978 Deutscher Taschenbuch Verlag, München
- Leo Lionni: Ein außergewöhnliches Ei. © 1994 Middelhauve Verlag, München
- Renate Welsh: Das Vamperl. Zeichnungen von Heribert Schulmeyer. © 1981 Deutscher Taschenbuch Verlag, München

Vorwort

Texte verstehen - Texte schreiben

Diese Unterrichtsvorbereitung in Form von strukturierten Arbeitsblättern zur Schulung der **Lese- und Schreibkompetenz** enthält 37 verschiedene Lesetexte zu unterschiedlichen Textsorten. Das **Konzept** richtet sich zum Teil nach den **Orientierungsarbeiten** für Lesen in der Grundschule, zum anderen verwirklicht es das Doppelseitenprinzip. Auf der jeweils linken Seite des Buches steht der Lesetext, der genutzt werden kann für Übungen zur Schulung der **Lesefertigkeit** wie wortgenaues, flüssiges und klanggestaltendes Lesen. Auf der rechten Seite werden zum Lesetext zugehörige Arbeitsaufträge zur Klärung von Inhalt, Gehalt und zum Betrachten von Sprache gestellt, um die **Lesefähigkeit** zu fördern. Schüler erhalten vielfältige Gelegenheiten, sich mit Texten auseinander zu setzen, mit Texten kritisch und kreativ umzugehen.

Die Aufgabenfolge richtet sich nach dem allgemeinen Strukturmodell für Lesen und verwirklicht das Unterrichtsprinzip vom Leichten zum Schweren. Zunächst entnehmen die Schüler einfache Informationen aus dem Text und schreiben sie auf. Damit kommen die Anforderungsstufen der Reproduktion und der Reorganisation zur Anwendung.

Ein weiterer Schwerpunkt dieses Trainingsbandes liegt darin, dass die Anforderungsstufen des problemlösenden Denkens und des Transfers umgesetzt werden. Die Schüler erhalten immer wieder Gelegenheit zum **freien und kreativen Schreiben** - auch unter Anleitung - von eigenen Texten und Transfertexten. So dürfen sie selbstständig fantasiereiche Erzählungen, Fabeln, Märchen, Gedichte und Sachtexte verfassen, wobei für leistungsschwächere Schüler anschauliche, strukturierte Skizzen, passende Bilder zum Ausmalen und sprachliche Formulierungshilfen bereitgestellt werden.

Der Band enthält vier Muster für **Leseproben** zur Schulung der Lesefertigkeit und Lesefähigkeit. Darüber hinaus kann jedes Arbeitsblatt als **Lernzielkontrolle** oder als Leseprobe eingesetzt werden. In diesem Fall müssen lediglich an der rechten Randleiste für richtige Antworten Punkte vergeben werden. Reicht der Platz für die Leerzeilen nicht aus, sollen die Schüler - unter Angabe der Nummer - auf der Rückseite des Arbeitsblattes oder auf dem Block weiterschreiben (Blockzeichen!).

Die **Lösungen** zu den Arbeitsblättern sind ausführlich ausgearbeitet worden, können jederzeit ergänzt, in Stichpunktform verkürzt oder ausführlich interpretiert werden. Somit sind alle Arbeitsblätter effektiv einsetzbar für Einzel-, Partner- und Gruppenarbeit, für offene Unterrichtsformen wie Stationenbetrieb und Lerntheke. Mithilfe dieses Trainingsbandes können **Lernziele** des **Lehrplans** umgesetzt werden.

Lesen und mit Literatur umgehen

Lesetechniken weiterentwickeln: lautrichtig und wortgenau lesen - flüssiges, wortübergreifendes Lesen

Sinnverstehendes Lesen weiterentwickeln: einfache Texte inhaltlich, sprachlich und vom Gehalt her erschließen - sich mit Texten kritisch und kreativ auseinander setzen - literarische Texte gestalten

Für sich und andere schreiben

Texte vorbereiten und verfassen - freie Texte schreiben - Geschichten, Sachtexte in einfachen Sätzen aufschreiben - Stichpunkte notieren

Ich wünsche allen Kolleginnen und Kollegen ein freudvolles und erfolgreiches Arbeiten mit dieser Unterrichtsvorbereitung.

Der Verfasser

D | **Name:** _____ | **Klasse:** _____ | **Datum:** _____ | **Nr.** _____

Kirki - gestrandet auf einer einsamen Insel

Wir schreiben das Jahr 1704. Der schottische Seefahrer Alexander Selkirk liegt während der Mittagspause verträumt auf dem Sonnendeck des Handelsseglers Merkury. Kirki - wie er von seinen Matrosenfreunden genannt wird - befindet sich auf einem Handelsschiff, das Nahrungsmittel wie Kokosnüsse, Reis und Getreide geladen hat. Es ist brütend heiß auf Deck. Die See, der Pazifische Ozean, ist ruhig, allzu ruhig, geradezu unheimlich ruhig. Kapitän Tim Hayman runzelt besorgt die Stirn und brummelt in seinen struppeligen Bart: „Potzblitz, das gefällt mir nicht!" Und tatsächlich! Die nächsten Stunden auf See sollten fürchterlich werden. Kirki hat dies aufgeschrieben:

Mein Tagebuch

16. September 1704:

Ich, Alexander Selkirk, lag ruhig auf Deck meines Schiffes, als auf offener See ein schrecklicher Sturm aufzog. Die Segel rissen, der Hauptmast knickte um, das Ruder brach. Das Schiff trieb führungslos auf eine Insel zu und zerschellte an einem schroffen Felsenriff. Alle Matrosen wurden über Bord gespült. Eine Riesenwelle erfasste mich und schleuderte mich an den Strand einer einsamen Insel. Ich war der einzige Überlebende dieser Schiffskatastrophe.

1. Sprecht in der Gruppe über dieses Bild.
Schreibt dann auf, was Kirki in den nächsten Tagen alles tun muss, um auf dieser wilden Insel überleben zu können.

| **D** | **Name:** _____ | **Klasse:** _____ | **Datum:** _____ | **Nr.** ____ |

16. September 1704:

Lange lag ich erschöpft am Strand. Aber allmählich kehrten meine Kräfte zurück. Ich ging einige Schritte am Ufer entlang und suchte nach trinkbarem Süßwasser. Zum Glück fand ich an einem kleinen Abhang eine Quelle. Ich trank frisches Wasser und kaute etwas von meinem Tabak aus dem geretteten Lederbeutel. Bei Anbruch der Nacht schlief ich aus Furcht vor wilden Tieren im Wipfel eines Baumes. Dieser hatte oben mehrere Astgabelungen, sodass ich nicht vom Baum herunterfallen konnte.

17. September 1704:

Als ich am nächsten Morgen aufwachte, erblickte ich vom Baumwipfel aus, dass die Flut des Meeres zurückgegangen war. Außerdem sah ich das Schiffswrack, das nicht untergegangen war. Es hing an einem Felsenriff.

Kirki - dachte ich - hol dir vom Schiff, was du zum Leben auf der Insel brauchst. Gedacht, getan! Gleich schwamm ich zum Schiff und zog mich an einer Leine, die am Schiffsrumpf hing, in die Höhe. Einige Räume des Schiffes standen unter Wasser. Dort waren alle Lebensmittel verdorben. Aber am Heck ragte die Kapitänskajüte hoch aus dem Wasser. Dort fand ich viele brauchbare Sachen: Seemannsumhänge, Decken, Stoffe, Zwieback, Zucker, ein Fass mit eingelegtem Kraut und ein Fässchen Rum. Aus Schiffsplanken baute ich mir gleich ein kleines Floß und verstaute darauf alles Brauchbare. Zuletzt entdeckte ich noch die Schatztruhe des Kapitäns. Sie war eine Art Notfallkiste für Schiffbrüchige. Darin lagen zwei Pistolen, eine Flinte und Säckchen mit Bleikugeln und Schießpulver. Auch Beutel mit trockenen Samen und Getreidekörner entdeckte ich. In einer Schachtel befanden sich Scheren, Nadeln, Zwirn und Stricke. In den Seitentaschen erblickte ich zu meiner großen Freude: eine Zange, eine Säge, eine Axt, eine Schaufel und viele Nägel, aber auch Goldstücke und Diamanten. Als ich alles auf dem Floß verstaut hatte, fuhr ich sicher zum Strand zurück.

2. Schreibe auf, warum alle Sachen aus der **Schatztruhe** so wichtig sind für das Überleben von Kirki auf der Insel. Was wird Kirki in den nächsten Tagen und Wochen wohl alles damit machen?

D | **Name:** _____ | **Klasse:** _____ | **Datum:** _____ | **Nr.** _____

Kirki hatte alles Brauchbare vom Schiff auf sein Floß gerettet, an Land gebracht und vorerst in eine Felsenhöhle gelegt.

3. Finde heraus, was Kirki alles in den nächsten Tagen und Wochen hergerichtet hat. Schreibe passende **Begriffe** zu den **Bildern**.

4. Zeichne geschickt obige Bilder ins **Inselbild** ein. Ergänze es durch Tierbilder: Schildkröte, Papagei, Delfin ... Male es farbig aus.

D	**Name:** _____	**Klasse:** _____	**Datum:** _____	**Nr.** _____

Die wahre Geschichte von Alexander Selkirk, dem schottischen Seefahrer, war wohl die Vorlage für Daniel Defoes Roman „Robinson Crusoe".

5. Schreibe eine abenteuerliche **Robinson-Geschichte** auf.

Robinson

Schiffbruch

Hüttenbau

Wilde landen, verfolgen jemanden

Freitag gerettet

Robinsons Rückkehr nach 5 Jahren

| **D** | **Name:** _____ | **Klasse:** _____ | **Datum:** _____ | **Nr.** ____ |

Der eigensinnige Freddy

Schon früh am Morgen in der Schule verabredeten die drei Freunde, Freddy, Lisa und Willi, am Nachmittag zum Pilze- und Beerensammeln in den Wald zu gehen. Nachmittags um drei Uhr klingelten die beiden Geschwister Lisa und Willi heftig an Freddys Wohnungstüre. Freddy öffnete sie. „Können wir jetzt gehen?", fragten beide erwartungsvoll. „Ja, gleich, ich muss nur noch mein Körbchen holen und meine Brotzeit einpacken", erwiderte Freddy eilfertig.

Zieh die Schuhe an!

Mutter kam herbei und als sie sah, dass ihr Sohn barfuß in den Wald gehen wollte, mahnte sie besorgt: „So lasse ich dich nicht gehen! Du musst noch deine Schuhe anziehen!" „Wieso denn, es ist doch so heiß heute?", brummelte Freddy.

„Nein, kommt nicht in Frage, du ziehst sie an! Was meinst du, was passiert, wenn im Wald Glasscherben umherliegen!", rief Mutter entsetzt. „Zieh die Schuhe an oder du bleibst daheim, basta!"

Freddy zog nur widerstrebend seine Schuhe an. Jetzt marschierten alle drei Freunde los. Fröhlich gingen die beiden Geschwister, Lisa und Willi, voraus, lachten und scherzten.

Nur Freddy war sauer und dachte: „Diese alten Latschen drücken fürchterlich!" Ärgerlich drehte Willi sich um und rief: „Geht's nicht ein bisschen schneller, du Nachzügler und Langweiler!" „In diesen scheußlichen Schuhen kann ich nicht schneller laufen", erwiderte Freddy missmutig.

Nach einiger Zeit waren sie am Waldrand angelangt und be-

Geht's nicht schneller?

gannen gleich, die schönen Waldhimbeeren zu pflücken und nach Pilzen zu suchen. Es dauerte nicht lange und Freddy stöhnte erschöpft: „Wollen wir nicht eine kleine Rast einlegen, dort beim Baumstumpf in der Waldlichtung?" Willi und Lisa waren damit einverstanden. Alle marschierten zum Rastplatz. Freddy setzte sich sofort auf den Baumstumpf und zog seine Schuhe und Strümpfe aus. Erschrocken sahen sich die beiden anderen Kinder an. Dann warnte Lisa ...

D | **Name:** _____ | **Klasse:** _____ | **Datum:** _____ | **Nr.** _____

1. Schreibe auf, was die drei Freunde in der Schule verabredeten.

Zieh die Schuhe an!

2. Warum wollte die Mutter nicht, dass Freddy barfuß in den Wald ging?

3. Begründe, warum Freddy so sauer und missmutig war, als er mit seinen beiden Freunden Lisa und Willi zum Wald ging.

Oje!

4. Überlege zusammen mit deinem Partner, wovor Lisa Freddy gewarnt haben könnte. Im Wald gibt es: verrostete Blechbüchsen, scharfe Glasscherben, giftige Schlangen, spitze Dornen.

Was könnte Freddy wirklich passiert sein? Zeichne ein Bild dazu.

Freddy, barfuß im Wald

Im Wald

| **D** | **Name:** _____ | **Klasse:** _____ | **Datum:** _____ | **Nr.** ____ |

Dann warnte Lisa Freddy: „Du bist wohl verrückt, einfach deine Schuhe auszuziehen! Hier liegen doch so viele alte Blechbüchsen umher!" Besorgt ergänzte Willi noch: „Oder vielleicht kriechen hier giftige Schlangen durch das Gestrüpp!" „Ach, ihr wollt mir doch bloß Angst einjagen", rief der leichtsinnige Freddy, „ihr redet auch schon so daher wie meine Mama."
Übermütig lachend lief der eigensinnige Freddy zu einem Brombeerbusch, der

zwischen fast undurchdringlichem Gestrüpp wuchs, pflückte Beeren und stopfte sich eine Beere nach der anderen in den Mund. Spöttisch feixte er: „Seht ihr, ihr Angsthasen, mir ist nichts passiert!" Ängstlich blickten ihm die beiden anderen nach, wie er barfuß immer weiter in den dunklen Wald marschierte. Lisa und Willi suchten derweil nach Pilzen.
Plötzlich ein Schrei! Freddy rief: „Hilfe, mich hat etwas gebissen! O weh, meine Ferse, meine Ferse! Helft mir!" Entsetzt eilten Lisa und Willi herbei. „Ach du Schreck, eine Kreuzotter hat ihn gebissen, siehst du das nicht?", schrie Lisa erschrocken. Tatsächlich! Dicht neben Freddy bewegte sich eine Schlange mit einem Zickzackband auf dem Rücken. Hastig riss Willi einen langen Ast von einem Busch ab und verjagte die Schlange mit Stockhieben. Was sollten sie jetzt tun? Der Fuß von Freddy schwoll bedrohlich an.
„Schnell, Lisa, hole Hilfe. Lauf zurück ins Dorf und verständige einen Arzt. Aber beeile dich!", rief Willi aufgeregt. Und Willi wusste erst gar nicht, was er tun sollte. Da fiel ihm ein, was er in einem Erste-Hilfe-Kurs gelernt hatte. Schnell zog Willi sein Unterhemd aus und band den Fuß herzwärts, eine Handbreit oberhalb

der Bissstelle, etwas ab. Die beginnende Blutung sollte das Gift wieder ausschwemmen. „Freddy, bleib ruhig liegen, rühre keinen Muskel", mahnte Willi, „das Gift darf nicht in den Blutkreislauf gelangen."
Und Willi beruhigte den Verletzten: „Freddy, habe keine Angst, es wird alles wieder gut werden. Bald wirst du Hilfe bekommen."

D **Name:** _____ **Klasse:** _____ **Datum:** _____ **Nr.** ____

5. Kreuze an, wovor Lisa und Willi Freddy warnten.

a O Auf dem Waldboden können Glasscherben liegen.

b O Viele alte und verrostete Blechbüchsen liegen da.

c O Spitze Stacheln der Brombeerhecke stechen dich.

d O Giftige Schlangen kriechen durch das Gestrüpp.

e O Ein spitzer Ast am Boden kann dich stechen.

Du bist verrückt!

6. Freddy zog seine Schuhe nicht wieder an und lief weiter barfuß im Wald umher. Kreuze an, welche Eigenschaften Freddy hat. Er ist:

O übermütig   O lernbegierig   O eigensinnig   O folgsam   O stur

7. Löse das Quiz. Kreuze nur die richtigen Sätze an.

Erste-Hilfe-Quiz bei Schlangenbiss

Kreuzotter

Sie beißt, wenn sie gereizt wird – Lebensgefahr für Menschen – Impfung innerhalb von 24 bis 48 Stunden – Serum

O F Bissstellen von Kreuzottern schwellen an, schmerzen heftig.

O A Das Ausbluten der Bisswunde sollst du unbedingt verhindern.

O R Binde eine Handbreit von der Wunde herzwärts den Fuß ab.

O K Der Verletzte soll sich bewegen, der Blutkreislauf wird angeregt.

O E Unterlasse das Aussaugen der Bisswunde.

O D Beruhige den Verletzten. Er soll sich nicht bewegen.

O D Der Verletzte soll sich hinlegen, nicht vor Aufregung hüpfen.

O U Hole keinen Arzt. Der Verletzte kann ja nach Hause humpeln.

O Y Verscheuche Schlangen beim Beerenpflücken, indem du häufig mit einem Stock auf den Boden schlägst.

Lösungswort: ___ ___ ___ ___ ___ ___

8. Schreibe auf , wie Freddy vermutlich gerettet wurde.

Lisa lief ins Dorf zurück.

D | Name: _____ | Klasse: _____ | Datum: _____ | Nr. ____

Jeder kann etwas

Josef Guggenmos

1 Das Pferd stand auf der Wiese. Da bekam es Besuch. Aus dem Wald ka-
2 men das Eichkätzchen und der Kuckuck. Aus dem Weiher hüpfte der Frosch
3 heran. Und dann kam auch noch der Maulwurf über die Wiese gerannt.
4 Das Pferd sagte: „Ich habe Kraft. Wenn ihr wollt, könnt ihr euch alle auf
5 meinen Rücken setzen, dann trage ich euch im Galopp über die Wiese. Wer
6 von euch kann mich tragen?"
7 „Ich nicht", sagte das Eichkätzchen. „Dafür kann ich etwas anderes. Da
8 drüben steht eine hohe Tanne. Wer klettert mit mir um die Wette am Stamm
9 hinauf?"
10 Auf diese Wette wollte sich keiner einlassen.
11 „Ich kann nicht klettern", sagte der Kuckuck, „aber ich kann fliegen. Im Au-
12 gust fliege ich nach Afrika und im nächsten April bin ich wieder hier. Und
13 ganz allein finde ich bis nach Afrika und wieder zurück. Ist das nichts?"
14 „Das ist toll", meinte der Frosch. „Aber ich kann auch etwas. Ich kann
15 schwimmen. Und wenn's Winter wird, setze ich mich unten im Weiher in den
16 Schlamm und warte, bis es Frühling wird."
17 „Das macht dir keiner nach", sagten die anderen Tiere.
18 „Jeder von uns kann etwas Besonderes. Aber du Maulwurf ... Wo steckst du
19 denn? - Maulwurf, wo bist du?"
20 Sie starrten auf die Stelle, wo der Maulwurf eben noch gestanden hatte. Da
21 war nur ein Loch. „Hier bin ich!", rief der Maulwurf hinter ihnen. Während die
22 anderen redeten, hatte er sich unter ihren Füßen durch die Erde gewühlt.
23 Jeder kann etwas.

1. Das Pferd stand auf der Wiese. Kreuze an, von welchen Tieren es Besuch bekam.

    O Eichelhäher   O Kuckuck   O Kröte   O Frosch

    O Eichkätzchen   O Hamster   O Hase   O Maulwurf

2. Welchen **Vorschlag** machte das Pferd den Tieren, die zu Besuch kamen?

Ich habe Kraft!

Ihr könnt euch _____

D | **Name:** _____ | **Klasse:** _____ | **Datum:** _____ | **Nr.** ____

3. Kein Tier kann das Pferd tragen, aber jedes Tier kann **etwas anderes**. Trage in die Sprechblasen passende **Tunwörter** ein.

Schreibe dann ausführlich auf die Leerzeilen, was die Tiere können.

Ich kann

Ich kann

Im August

Ich kann

Im Winter

Ich kann

4. Der Autor will dir mit dieser Überschrift etwas sagen. Notiere.

Jeder kann etwas

5. Und was kannst **du** oder **dein** Freund besonders gut?

D | Name: _____ | Klasse: _____ | Datum: _____ | Nr. _____

Melanie und die verflixte Vase

An einem Sonntagvormittag spielten Manni und seine kleine Schwester im Kinderzimmer. Als ihre Mutter gerade Spagetti zum Mittagessen kochen wollte, bemerkte sie erstaunt, dass sie keinen Parmesankäse mehr hatte. Sie verließ die Küche und ging zu ihren Kindern: „Hallo, Manni und Melanie, hört mal her! Ich muss mal schnell zur Nachbarin gehen, um mir etwas Käse zu borgen. Ihr bleibt hier und seid recht artig", mahnte die Mutter. „Und Manni, du passt auf Melanie auf, dass sie nichts anstellt. Du bist jetzt schon acht Jahre alt, also kannst du das schon schaffen", fügte sie noch besorgt hinzu. „Ja, Mama, du kannst dich auf mich verlassen", versprach Manni.

Als die Mutter die Tür hinter sich geschlossen hatte, rief Manni seiner Schwester zu: „Mach mir keine Zicken und spiel mit deinen Bauklötzchen!" „La ..., la ..., anni", antwortete Melanie. Das sollte so viel heißen wie: „Ja, ja, Manni!" Dann nuckelte sie weiter an ihrem Schnuller. Doch Manni wurde es von Minute zu Minute langweiliger. Und er beschloss deshalb, sein neues rotes Rennauto aus dem Spielzeugschrank zu holen, um mit ihm zu spielen. Mit der Zeit kümmerte er sich überhaupt nicht mehr um die kleine Melanie, so vertieft war er in sein Spiel.

Nach einigen Minuten bekam Melanie plötzlich Appetit auf etwas Süßes. Auf dem Tisch entdeckte sie eine kleine Tafel Schokolade. Beim Versuch, sie zu fassen, zog Melanie ein wenig an der Tischdecke. Auf einmal machte es: Rumms! Krach! Erschrocken blickte sich Manni um und sah mit Schrecken, dass Mutters Lieblingsvase in Scherben zerbrochen am Boden lag. Er erkannte sofort, was geschehen war. „Melanie, du Nichtsnutz, was hast du wieder angestellt?", schimpfte Manni, „oh, mein Gott, die teure Vase von Mutter ist kaputt!" Melanie ließ vor Aufregung ihren Schnuller fallen und

schrie wie am Spieß. In diesem Augenblick bereute es Manni, dass er nicht besser auf seine kleine Schwester aufgepasst hatte. „Mmmh, was mache ich bloß? Wenn das die Mutter sieht!", murmelte Manni. Zunächst beruhigte er Melanie: „Hör wieder zu schreien auf, Melanie. Du bist ja nicht verletzt." Manni dachte lange nach. „Aha, ich habe eine Idee!", frohlockte er plötzlich ...

D | **Name:** _____ | **Klasse:** _____ | **Datum:** _____ | **Nr.** _____

1. Im Kinderzimmer spielten zwei Kinder. Kreuze ihre Namen an.

O Hanni   O Stephanie   O Manni   O Nanni   O Melanie

2. Warum verließ die Mutter für kurze Zeit ihre Wohnung?

a   O   Sie wollte zum Einkaufen gehen, um Tomaten für Spagetti zu holen.

b   O   Sie ging zur Nachbarin, um etwas Käse für die Spagetti zu holen.

Manni!

3. Was sagte die Mutter zu Manni, bevor sie wegging?

4. Manni ermahnte seine kleine Schwester: „Mach keine Zicken!"
Schreibe auf, was Melanie geantwortet hat.

Es be-
deutet:

5. Manni vergaß, auf Melanie aufzupassen. Denn er spielte

O mit seiner Spielzeugeisenbahn.   O mit seinem roten Rennauto.

6. Warum zog Melanie eigentlich an der Tischdecke?

7. Lies im Text nach. War Mutters Vase wertvoll? Warum?

8. Manni dachte lange nach: „Mmmh, was mache ich da bloß mit der kaputten Vase?"
Schreibe auf, welche **Idee** Manni wohl haben könnte.

?

D	**Name:** _____	**Klasse:** _____	**Datum:** _____	**Nr.** ____

„Aha, ich habe eine Idee!", frohlockte Manni plötzlich.

Schon oft hatte er mit dem Vater viele schöne Dinge gebastelt. Deshalb wusste er, wo sich Vaters Werkzeugkiste befand. Dort holte Manni eine Tube Klebstoff für Porzellan heraus. Seufzend setzte er sich hin und begann, die einzelnen Teile der Vase mühsam zusammenzusetzen. Gottseidank waren von der Vase nur wenige Scherben abgesprungen. End-lich hatte Manni die Vase vollständig zusammen-geklebt und er leimte nur noch die beiden Henkel wieder an das Gefäß. Vorsichtig stellte er das kostbare Stück in die Mitte des Tisches, in der Hoffnung, dass die Mutter die geklebten Stellen nicht entdecken würde.

Bald kam Mutter mit dem Käse zurück und mit einem Blumenstrauß in der Hand. Sie sagte: „Meine nette Nachbarin hat mir sechs wunderschöne Rosen geschenkt. - Nanu, warum freut ihr euch nicht darüber?" „Äh, ja, die Blumen sind ja wun-dervoll", stotterte Manni verlegen. „Ich werde jetzt mal frisches Wasser holen, die armen Pflanzen verdursten sonst!", erwiderte Mutter.

Dann nahm sie die Vase und ging in Richtung Küche davon. Bei der Spüle an-gelangt, drehte sie den Wasserhahn auf und füllte die Vase halb voll mit Was-

ser. Sorgsam drehte die Mutter den Wasserhahn wieder zu, fasste die Vase an den Henkeln und hob sie aus der Spüle heraus. Doch die frisch geklebte Vase hielt nicht. Sie zerbrach in viele Stücke und die Scherben fielen zu Boden. Das Wasser klatschte auf den Boden und spritzte so hoch, dass Mutters Beine ganz nass wurden. Die verdutzte Mutter hielt nur noch die Henkel der Vase in Händen! „Donnerwetter, die schöne Vase! Wie kann denn das passieren? Pfui, und das Wasser, iih!", schimpfte sie.

Manni hatte den Lärm in der Küche gehört und kam gerannt. Als er das Missge-schick bemerkte, wusste er sofort, warum die Vase zerbrochen war, doch er sagte lieber gar nichts. Misstrauisch betrachtete Mutter die Teile der zerbrochenen Vase und entdeckte schließlich Spuren von Klebstoff an den Rändern der Scherben. „Aha, mir schwant schon, wer der Täter ist", argwöhnte die Mutter und beide gingen zurück ins Kinderzimmer. „Ich glaube, dass es einer von euch war! Der Täter soll sich ruhig melden!", schlug Mutter vor.

Manni und Melanie schauten sich verdutzt an, wollten zunächst nichts sagen.

D **Name:** _____ **Klasse:** _____ **Datum:** _____ **Nr.** _____

9. Manni hatte den rettenden **Einfall**. Beschreibe genau, wie es ihm gelang, die zersprungene Vase wieder zu reparieren.

Warum freut ihr euch nicht?

Äh!

10. Warum haben sich die beiden Kinder nicht gefreut, als sie die Blumen sahen?

11. Begründe, warum die reparierte Vase wieder zerbrach.

12. Mutter sagte: „Einer von euch war der Täter!" Manni überlegte lange, was er antworten sollte. Schreibe den **Schluss** der **Geschichte** auf.

Das kann ich.

| **D** | **Name:** _____ | **Klasse:** _____ | **Datum:** _____ | **Nr.** _____ |

Scherben

Erich Brehm

1 Karl hat eine leere Flasche gefunden. „Pass mal auf, wie es knallt, wenn ich
2 sie auf die Straße werfe!", ruft er laut seinem Bruder Ernst zu.
3 „Karl, lass das!", sagt Ernst, aber schon fliegt die Flasche auf die Straße
4 und zerspringt in lauter Scherben.
5 „Wenn jetzt ein Radfahrer kommt, schneiden die Scherben ihm die Reifen
6 entzwei", sagt Ernst. Man müsste die Scherben aufheben, denkt er. Aber
7 große Lust hat er nicht dazu, und schließlich beruhigt er sich damit, dass er
8 die Flasche ja nicht geworfen hat.
9 Da kommt ein Radfahrer. Es sieht aus, als ob er gerade über die Scherben
10 fährt. Aber er hat Glück. Seine Reifen bleiben heil. Bald haben Karl und Ernst
11 die Scherben vergessen.
12 Abends sitzen sie mit der Mutter zusammen in der Küche. Die Mutter sieht
13 auf die Uhr. „Wo bleibt denn der Vater heute? Es ist schon sieben Uhr und
14 er ist immer noch nicht da!" Endlich schließt jemand die Tür auf. Der Vater
15 kommt!
16 Müde stellt er sein Rad in den Hausgang und sagt: „Heute hatte ich Pech.
17 Ich bin mit meinem Rad in Scherben hineingefahren. Da ist vorn der Schlauch
18 geplatzt und ich musste mein Rad schieben."

1. Welche **Personen** kommen in der Geschichte vor? Kreuze an.

O Vater   O Karl   O Ernestine   O Onkel   O Ernst   O Mutter

Pass auf!

2. Schreibe auf, was Karl vorhat, und warum er dies tun will.

3. Ernst warnt seinen Bruder Karl. Was könnte nämlich
passieren, wenn die Flasche in Scherben zerspringt?

Lass das!

D | **Name:** _____ | **Klasse:** _____ | **Datum:** _____ | **Nr.** _____

4. Obwohl Ernst gegen das Wegwerfen der Flasche gewesen ist, hebt er sie Scherben nicht auf. Warum wohl? Finde die Gründe im Text ab Zeile 7.

> Man müsste ...

5. Ein Radfahrer fährt über die Scherben. Hat er Glück? Bleiben die Reifen heil?

O ja   O nein

6. Der Vater kommt - ganz ungewohnt - erst **nach** 7 Uhr abends nach Hause. Warum hat Vater heute Pech gehabt?

> So ein Pech!

7. Überlegt in der Gruppe: Welcher Bruder hat mehr Schuld daran, dass Scherben auf der Straße liegen? Notiert eure Ergebnisse.

8. Schreibe den **Schluss** der **Geschichte** auf.
- Werden die Jungen dem Vater ihre Schuld eingestehen?
- Wie werden Vater und Mutter auf ein Eingeständnis reagieren?
- Oder könnten gar andere Kinder Flaschen zerbrochen haben?

9. Denke dir selbst eine **ähnliche** Geschichte dazu aus und schreibe sie auf deinem Block auf. „Elfi wirft achtlos eine Bananenschale weg."

Ausgerutscht

von _____ _____

D	**Name:** _____	**Klasse:** ____	**Datum:** _____	**Nr.** ____

Noch mal Glück gehabt

An einem kalten Samstagmorgen im Januar - in der Nacht hatte es heftig geschneit - fragten die drei Geschwister Manni, Erwin und die kleine Susi ihre Mutter: „Mama, dürfen wir heute Schlitten fahren?" Mutter war damit einverstanden und warnte ihre Kinder noch: „Aber zieht euch warm an und passt auf, dass nichts passiert!"

Manni holte gleich seinen nagelneuen Schlitten, den er zu Weihnachten geschenkt bekommen hatte, aus dem Keller. Im Nu waren alle drei Kinder warm angezogen und sausten aufgeregt und freudig aus dem Haus. Und los ging's mit Windeseile zum Vogelsberg.

Am Fuße des Berges angelangt, fragte Susi doch etwas ängstlich: „Ist der Abhang nicht ein bisschen zu steil für uns? Da traue ich mich nicht hinunterzufahren!" „Ach! Quatsch, der Hang ist die beste Schlittenpiste, die ich kenne", meinte Erwin. „Ich bin den Berg schon hundertmal hinuntergefahren und nichts ist passiert."

Mutig, aber mühselig stapften die Kinder den Vogelsberg hinauf. Erwin und Susi rutschten dabei immer wieder auf kleinen Eisflächen aus. Schließlich begann das Nesthäkchen Susi zu jammern: „Oje! Der Berg ist zu hoch. Nein! Ich will wieder nach Hause gehen." „Das schaffst du schon", erwiderte Manni, „das ist halb so schlimm!"

Mit vereinten Kräften zogen die beiden Jungen Susi und den Schlitten auf die Bergkuppe. Oben angelangt, genoss die Gruppe die schöne Aussicht vom Vogelsberg, denn es hatte inzwischen aufgehört zu schneien.

Manni drehte den Schlitten in Fahrtrichtung. Zu dritt setzten sie sich auf das Gefährt. „Bahn frei, Kartoffelbrei!", rief Erwin laut, „wir kommen alle drei!" Und Manni, der den Schlitten lenkte, gab das Kommando: „Auf die Plätze, fertig, los!" Und hui ging's den Abhang hinab. „Vorsicht, wir fahren auf eine Schneewehe zu!", rief Susi entsetzt. Manni wollte vorbeifahren. Doch es war schon zu spät. Der Schlitten fuhr in die Schneewehe und kippte um. Alle drei Rodelhelden flogen in hohem Bogen in den

Schnee und kullerten noch ein paar Meter den Hang hinab. Mühsam buddelten sie sich wieder frei. Susi begann zu jammern: „Aua, mein Bein tut weh!" Sie konnte aber gleich wieder weiterlaufen. Manni hatte eine kleine Schramme im Gesicht und Erwin humpelte nur wenige Schritte. „Gott sei Dank ist weiter nichts Schlimmes passiert", meinten alle. „Noch mal Glück gehabt."

D	Name: _____	Klasse: _____	Datum: _____	Nr. _____

Leseprobe: Noch mal Glück gehabt

Regeln für das Vorlesen mit Beispielen - Bewertung der Lesefertigkeit

1. Wird lautrichtig und wortgenau gelesen?   ___/4

*Samstagm**o**rgen - Ge**schw**ister - ä**ng**stlich - **passiert***

2. Werden Wörter fehlerfrei vorgetragen?   ___/4

Verspricht sich der Leser oft beim Vortragen der Sätze?

An einem kal - An einem kalten Samstagmorgen ...

3. Können die Wörter bereits sinnerfassend vorgetragen werden?   ___/4

***Windes**eile - **Vogels**berg - **Nest**häkchen - **Schlitten**piste*

4. Sinntragende Wörter betont, etwas lauter vortragen   ___/4

• *An einem **kalten** Samstagmorgen ... Es hatte **heftig** geschneit.*

• *„**Mama**, dürfen wir heute **Schlitten** fahren?"*

5. Können Sätze flüssig vorgelesen werden?   ___/4

• Blickspannweite vergrößern:

Mutter war damit einverstanden.

• Zeilenübergreifendes Lesen:

In der Nacht - hatte es geschneit.

6. Klanggestaltend lesen - Gefühle und Stimmungen darlegen   ___/4

• *Susi jammerte: „Oje! Der Berg ist zu hoch!"*

• *„Bahn frei, Kartoffelbrei!", rief Erwin laut und deutlich.*

7. Sätze klanglich, pantomimisch, mit Körperinstrumenten ausgestalten   ___/4

• *Mühselig stapften sie den Hang hinauf.* ⇨ mit den Füßen stampfen

• *„Auf die Plätze, fertig, los!"* ⇨ laut in die Hände klatschen

• *„Aua, mein Bein tut weh!"* ⇨ schmerzverzerrtes Gesicht

8. Satzteilgrenzen erkennen, bis zum Satzzeichen lesen   ___/4

Nach einem Komma oder Punkt kann eine Pause eingelegt werden.

Der Punkt verlangt ein Senken, das Fragezeichen ein Erhöhen der Stimme.

„Ach! / Quatsch, / der Hang ist die beste Piste, / die ich kenne."

9. Einen längeren Text in Sinnschritte einteilen   ___/4

Unabhängig von der Zeichensetzung kann an passenden Textstellen eine

kleine Lesepause gemacht werden. Luft holen.

An einem kalten Samstagmorgen im Januar / - in der Nacht hatte es

heftig geschneit - / fragten die drei Geschwister Manni, Erwin und Susi

ihre Mutter: / „Mama, ..."

Bemerkungen:

Punkte: ___/36

Note:

_____

_____

_____

Glücksbringer

Besonders zu Neujahr verschenken viele Menschen oft Dinge, die Glück bringen sollen. Finde anhand der Beschreibung und des Bildes heraus, welcher Glücksbringer gemeint ist.

Unser <u>Krabbeltier</u> hat sechs Beine, zwei rote Deckflügel mit sieben schwarzen Punkten dran. Die beiden kurzen Fühler befinden sich vor den Augen. Tastend findet es seine Beute und verspeist an einem Tag schon mal *50* Blattläuse. Es jagt auch Milben und Schildläuse. Die Zahl *7* ist von altersher eine Glückszahl, eine heilige Zahl. Deshalb gilt der Siebenpunktkäfer als Glückskäfer, der neun Monate alt wird. Das Weibchen legt Eier, daraus schlüpfen Larven, die sich später verpuppen und dann zu Käfern werden.

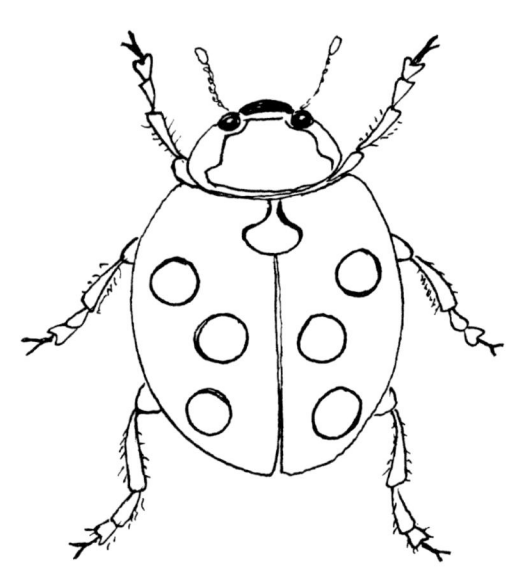

⇨ _ _ _ _ _ _ käfer

Unsere <u>Pflanze</u> wächst auf Wiesen und an Wegrändern. Sie hat weiße, kugelige Blütenköpfchen mit langen, gestielten Einzelblüten. Ihre Blätter bestehen aus drei eiförmigen, fein gezähnten Fiederblättchen. Nur sehr selten ist ein Blatt vierblättrig. Du hast also großes Glück, wenn du eines unter den vielen dreiblättrigen Pflanzen auf der Wiese findest. Dieses Glücksblatt kannst du trocknen und zwischen zwei Buchseiten zum Glätten legen. Danach wird es eingerahmt. Wie heißt dieser Glücksbringer?

⇨ _ _ _ _ blättriges _ _ _ _ blatt

Unser <u>Tier</u> wird seit ungefähr *5000* Jahren als Haustier gehalten. Es ernährt sich überwiegend von Pflanzen. Vor vielen Jahren waren Menschen oft sehr arm und bedürftig. Fleisch gab es kaum zu essen und nur an Feiertagen. Wer also dieses Tier sein eigen nennen konnte, der war reich und ein glücklicher Mensch. Früher hatte auch ein Verlierer manchmal Glück, wenn er als Trostpreis ein Ferkel bekam.

⇨ _ _ _ _ _ _ _ _ _ _ _ _ _ _ _ _

D | **Name:** _____ | **Klasse:** _____ | **Datum:** _____ | **Nr.** ____

1. Der Marienkäfer hat viele **Verwandte**. So gibt es etwa 100 verschiedene Arten, die sich außer in der Anzahl der Punkte auch in der Farbe deutlich unterscheiden. Unser Glücks-Marienkäfer hat auf seinen Deckflügeln sieben Punkte. Daneben gibt es aber auch Zwei-punkt-, Zehnpunkt-, Vierzehnpunkt- und sogar Zweiundzwanzigpunkt-Marienkäfer mit je elf Punkten auf jeder Flügeldecke.

Male die vier **Marienkäferarten** in den angegebenen **Farben** aus.

Punkte: schwarz   gelb   schwarz   schwarz

Flügel: rot   schwarz   gelb   rot

2. Löse das Quiz: Finde das Lösungswort.

Großes Glücks-Quiz

a) Der Glückskäfer hat

   O 4 Fühler (A).   O 7 schwarze Punkte (S).   O 4 Beine (Z).

b) Der Marienkäfer findet seine Beute

   O durch Riechen (R).   O durch Tasten (P).   O durch Hören (E).

c) Er frisst am Tag durchschnittlich

   O 50 Blätter (T).   O 50 Blattläuse (A).   O 50 Mücken (J).

d) Der bekannteste unter den Marienkäfern ist der

   O Maikäfer (E).   O Siebenpunkt (R).   O Mistkäfer (D).

e) Aus den Eiern des Käferweibchens schlüpfen

   O rote Käferchen (I).   O gefräßige Larven (S).   O Puppen (U).

f) Marienkäfer werden bei uns nicht älter als

   O neun Wochen (A).   O drei Monate (M).   O neun Monate (C).

g) Die Anzahl der Punkte des Marienkäfers zeigt an,

   O zu welcher Art er gehört (H).   O wie viele Monate alt er wird (O).

h) Das seltenste unter den Kleeblättern ist das

   O dreiblättrige Kleeblatt (L).   O vierblättrige Kleeblatt (W).

i) Wer ein Schwein hatte, war

   O reich (E).   O arm (U).   O froh (I).   O glücklich (N).

Lösungswort: __ __ __ __ __ __ __ __ __

| **D** | **Name:** _____ | **Klasse:** _____ | **Datum:** _____ | **Nr.** _____ |

Du wirst jetzt drei weitere **Glücksbringer** kennen lernen. Anhand des Bildes und der Beschreibung kannst du leicht ihre Namen finden.

Wer bin ich?

Früher heizten die Menschen ihre Öfen mit Holz und Kohle. Bei der Verbrennung blieb schwarzer Ruß im Kamin hängen. Wird er nicht weggekehrt, kann er sich nach einiger Zeit entzünden. Eine Stichflamme entsteht. Das ganze Haus kann abbrennen.

Deshalb war meine Arbeit ganz besonders wichtig. Ich musste von Zeit zu Zeit den Kamin sauber fegen. Denn ein gereinigter Kamin verhindert einen Brand. Somit bin ich bei den Leuten stets gern gesehen, bringe ihnen Sicherheit und Glück. Wenn mich Leute auf der Straße oder auf dem Hausdach sehen, denken sie: Jetzt haben wir Glück.

⇨ _____

Wie heißt der Glücksbringer?

Die Hufe von Pferden werden mit Eisenringen beschlagen. Damit wird ein Ausrutschen des Pferdes verhindert, wenn es eine schwere Fuhre ziehen muss. Vor langer Zeit war ein Eisenring sehr wertvoll und teuer. Wer also einen fand, hatte großes Glück. Dann musste er für sein eigenes Pferd nur noch drei Eisen kaufen. Im Volksglauben gilt das Eisenstück als Glück bringendes Zaubermittel. Die Leute nageln es an die Haustür und wollen so das Haus vor dem Bösen schützen. Wenn du ein solches Eisen hast, hänge es aber mit der Öffnung nach oben an die Wand. Das Glück kann somit hineinfallen und nicht mehr herausfallen.

⇨ _____

Wie heißt die Glücksmünze?

Vor vielen hundert Jahren war diese Münze fast die einzige Silbermünze Europas.

Später wurde sie ganz aus Kupfer geprägt, schimmerte rostrot. Noch bis ins Jahr *2002* galt sie als kleinste Münzeinheit Deutschlands. Wenn jemand so eine Münze fand, hob er sie auf und legte sie als Glücksmünze in seinen Geldbeutel. So hoffte er, Glück im Leben zu haben. Heute gilt als kleinste Währungseinheit in Europa die *1*-Cent-Münze. Sie ist genauso groß und hat die gleiche Farbe wie die alte Münze. Male die Münzen rostrot an.

⇨ früher: _____

D | **Name:** _____ | **Klasse:** _____ | **Datum:** _____ | **Nr.** _____

3. Am Jahresende bringt der Kaminkehrer Rechnungen in jedes Haus. Schreibe auf, was er den Bewohnern wünscht.

4. Manche Leute bezeichnen den Schornsteinfeger als den Rußigen. Warum wohl?

5. Schreibe auf, wozu ein Hufeisen früher gebraucht wurde.

6. Wie musst du ein Hufeisen aufhängen, damit es das Glück festhält?

7. Kreuze an, welche Münze ein Glücksbringer ist.

O 1 Cent   O 1 Euro   O 1 Pfennig   O 1 DM

8. Viele Menschen haben ihre eigenen **Glücksbringer**: Anhänger, Amulette, Steine, Kastanien, Talismane. Was ist **dein** Glücksbringer? Male und beschreibe ihn.

| **D** | **Name:** _____ | **Klasse:** ___ | **Datum:** _____ | **Nr.** ___ |

Der Feldhamster - ein nimmermüder Sammler

Der Feldhamster ist ein Nagetier und ein Verwandter des Goldhamsters, der bei den Kindern äußerst beliebt ist, auch wegen seiner golden schimmernden Fellfarbe. Er ist doppelt so groß wie der Goldhamster, wiegt zehnmal so viel wie eine Maus und ist fast so groß wie ein Kaninchen.

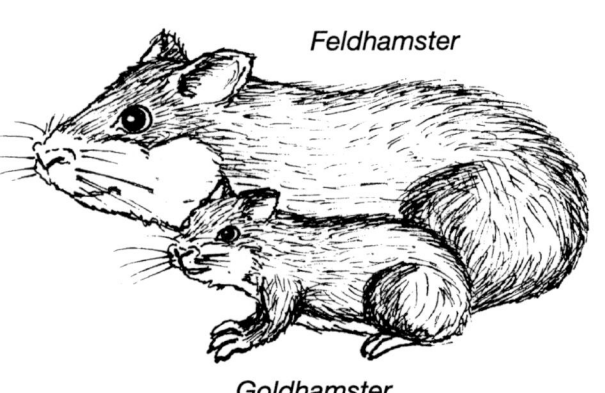

Feldhamster

Goldhamster

Hamster sind Einzelgänger und gehen meist bissig aufeinander los. Du kannst deshalb einen Goldhamster auch allein zu Hause halten. Nur in der Paarungszeit kommen Männchen und Weibchen zusammen. Das Feldhamsterweibchen bekommt mehrmals im Jahr fünf bis zehn Junge. Diese werden bereits nach vier Wochen selbstständig und werden dann von der Mutter aus dem Bau vertrieben.

Der Feldhamster legt ähnlich wie der Maulwurf einen Bau mit verzweigten Gängen an, bis zu einer Tiefe von zwei Metern. Der Bau besteht aus einem Schlaf- und Wohnkessel und einer Vorratskammer. Im Bau hält er sich während des Tages auf. Erst am Abend,

in der Dämmerung, begibt er sich an die Oberfläche und sucht nach Nahrung. Er ist Allesfresser, der Pflanzen verzehrt wie Löwenzahn, Luzerne und Kartoffeln. Auch Käfer, Schnecken und Würmer vertilgt er. Aber am meisten liebt er Samen und Getreidekörner. Diese trägt er in seinen dehnbaren Backentaschen in seinen Bau. Dort sammelt er in seiner Vorratshöhle 20 bis 40 kg Vorräte. Von Oktober bis März hält der Feldhamster einen Winterschlaf. Allerdings wacht er alle fünf

Tage auf und frisst etwas von seinen Vorräten.

Die Sinnesorgane des Hamsters: Seine Ohren ragen nur wenig aus dem Fell und stören nicht beim Wühlen unter der Erde. Er kann gut sehen und riechen. Seine Schnurrhaare dienen zum Tasten. Ein Hamster kann seine Vorderpfoten wie Hände benutzen und damit Getreidehalme umbiegen, um an die Körner der Ähre zu kommen. Als Nagetier hat er oben und unten zwei Nagezähne, die er durch Nagen schärft.

D	**Name:** _____	**Klasse:** _____	**Datum:** _____	**Nr.** ____

1. Löse das Quiz. Das Lösungswort ist ein Feind des Feldhamsters.

Feldhamster-Quiz

a) Wievielmal schwerer als eine Maus ist ein Feldhamster?

  O fünfmal (A)   O zehnmal (H)   O fünfzehnmal (Z)

b) Das Hamsterweibchen bekommt mehrmals im Jahr Junge:

  O 3 - 5 Junge (W).   O 5 - 10 Junge (A).   O 10 - 15 Junge (R).

c) Welche Höhlen befinden sich im Bau des Feldhamsters?

  O Wohnkessel (B)   O Wasserloch (S)   O Vorratskammer (I)

d) Was trägt der Feldhamster in seinen Backentaschen **nicht** heim?

  O Samen (E)   O Schnecken (C)   O Getreidekörner (F)

e) Der Feldhamster

  O sieht recht gut (H).   O hört schlecht (G).   O riecht gut (T).

Lösungswort: __ __ __ __ __ __ __

2. Notiere kurz, was du über die **Sinnesorgane** des Hamsters weißt.

Ohren: _____

Augen: _____

Nase: _____

Zähne: _____

Schnurrhaare: _____

Vorderpfoten: _____

3. Wenn Menschen Vorräte anlegen, sagt man: Sie **hamstern.** Erkläre diesen Satz.

4. Schreibe kleine **Geschichten** (Niederschriften) über den **Hamster** auf.

- Der Goldhamster – ein kuscheliges Haustier
- Wie überlebt der Feldhamster den Winter?
- Aubacke, meine Backentaschen sind voll
- Wie lebt der Hamster in seinem Bau?
- Was ich über eine Hamsterfamilie weiß
- Der Feldhamster – seine Sinnesorgane
- Was ich an einem Hamster liebe

Das weiß ich.

| **D** | **Name:** _____ | **Klasse:** ____ | **Datum:** _____ | **Nr.** ____ |

Der tollpatschige Osterhase

Heinrich Hannover

1 Es war einmal ein kleiner, tollpatschiger Osterhase. Dem fiel beim Eiermalen
2 immerzu der Pinsel hin oder er tupfte mit der Nase oder mit den Ohren in
3 die Farbe. So hatte er schließlich eine rote Nase, ein gelbes und ein grünes
4 Ohr, ein blaues und ein weißes Bein und ein violettes Puschelschwänzchen.
5 Alle Osterhasen lachten, wenn sie ihn sahen: „Hahaha, du hast ja eine ganz
6 rote Nase" und: „Hahaha, du hast ja ein gelbes Ohr" und so weiter.
7 Zum Schluss fiel ihm der ganze Farbtopf um und auf dem Boden gab es
8 eine große Pfütze. „Ach du liebe Zeit!", rief der kleine Osterhase. Und dabei
9 stieß er aus Versehen an den Tisch, und alle Eier, die er schon angemalt
10 hatte, fielen hinunter in die bunte Pfütze. Es war noch ein Glück, dass sie
11 nicht kaputtgingen, denn der Waldboden war weich vom Moos und von den
12 Gräsern.
13 Wieder lachten die anderen Hasen über den armen kleinen Tollpatsch, und
14 der weinte eine Zeit lang. Aber als er anfing, die Eier wieder in den Korb
15 einzusammeln ... - da sah er, dass sie in der bunten Farbpfütze auf dem
16 Waldboden ganz wunderschön geworden waren.

1. Kreuze die Wörter an, die eine ähnliche Bedeutung wie **„tollpatschig"** haben.

O ungeschickt   O geübt   O unbeholfen   O geschickt   O tölpelhaft

2. Beim Bemalen der Ostereier hat sich der tollpatschige Osterhase selbst mit Farbe be-
tupft. Lies im Text (Zeilen 1 bis 6) nach, wie er jetzt aussieht. Verbinde die **Farben** mit den
richtigen **Körperteilen** und male den Osterhasen farbig an.

Der Tollpatsch

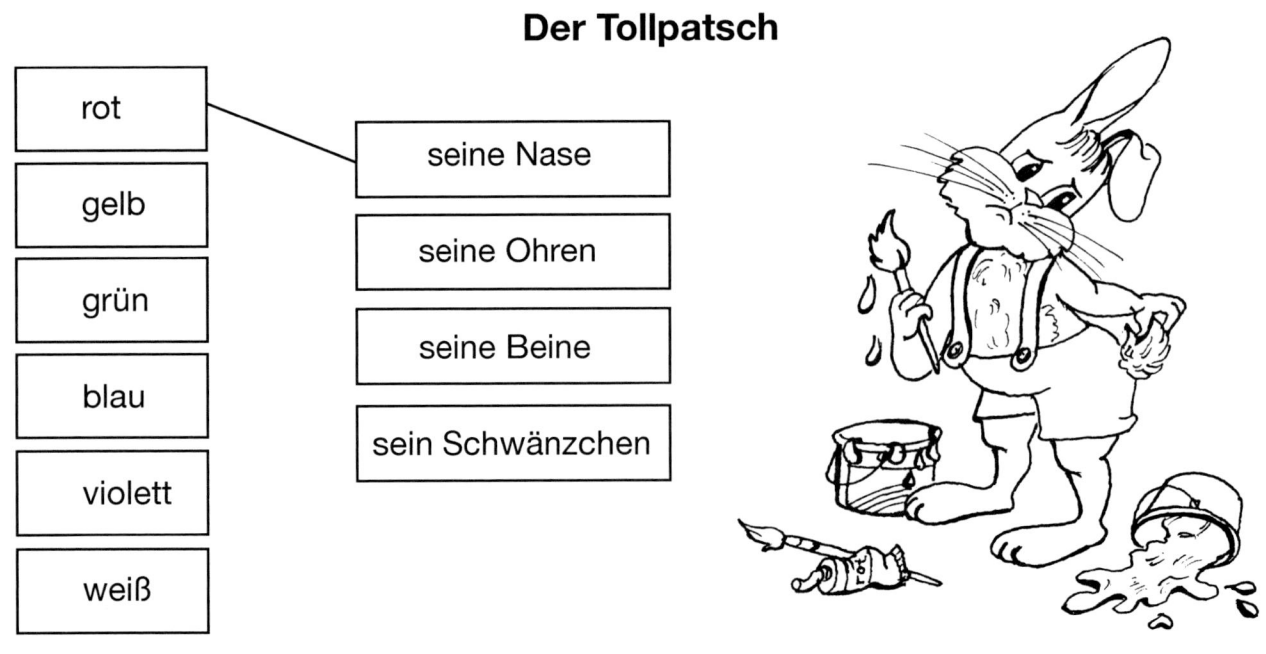

| D | Name: _____ | Klasse: _____ | Datum: _____ | Nr. ____ |

3. Als die anderen Osterhasen den tollpatschigen, farbig betupften Hasen sahen, lachten sie ihn aus. Schreibe in die Sprechblasen, wie sie ihn verspotteten.

Hahaha, du hast ja eine ganz _____ _____ !

Hahaha, du hast ja ein _____ _____ !

Hahaha, du hast _____ !

Hahaha, _____ !

4. Wie fühlte sich der tollpatschige Osterhase, nachdem ihn die anderen Osterhasen so ausgelacht hatten? Kreuze an.

O Er wurde traurig.

O Er verlor seinen Mut.

O Er lachte über sein Missgeschick.

O Ihm war die Sache äußerst peinlich.

Ach du liebe Zeit!

5. Doch das Pech beim Ostereiermalen war für unseren kleinen Tollpatsch noch lange nicht vorbei. Lies im Text (Zeilen 7 bis 12) nach, was dem Hasen alles passierte. Nummeriere die Sätze in der richtigen Reihenfolge.

___ Auf dem Boden gab es eine große Farbpfütze.

_1_ Der ganze Farbtopf fiel um.

___ Alle angemalten Eier fielen hinunter in die Pfütze.

___ Aus Versehen stieß der Tollpatsch an den Tisch.

___ Die Eier fielen auf den Waldboden, zerbrachen aber nicht.

6. Aber welch eine Überraschung! Die in die bunte Farbpfütze auf dem Waldboden gefallenen Eier waren wunderschön geworden. Warum wohl? Überlege: Auf dem Waldboden gibt es Moos, Gräser, trockene Blüten und Blätter.

Na sowas!

| **D** | Name: _____ | Klasse: ____ | Datum: _____ | Nr. ____ |

17 Da sah der Osterhase, dass die Eier in der bunten Farbpfütze ganz wunderschön
18 geworden waren.
19 Auf manche Eier hatten sich kleine Gräser und Blumen gelegt, und an diesen
20 Stellen waren sie weiß geblieben. Sonst sahen sie ganz bunt wie Regenbogen
21 aus.
22 Die anderen Hasen sahen, wie schön die Eier des kleinen Tollpatsches ge-
23 worden waren. Da hörten sie schnell auf zu lachen und wurden ganz still.
24 Die Kinder suchten seine Eier und freuten sich über die schönen Regenbo-
25 genfarben und die Gräser und Blumen darauf. Da hat der kleine tollpatschige
26 Osterhase hinter einem Busch gesessen und ganz leise gelacht.

7. Finde im obigen Text heraus, warum die Ostereier des tollpatschigen Hasen so schön geworden sind. Beschreibe diese gefärbten Eier.

8. Ergänze die weißen Eier mit Gräser- und Blumenmustern und male auch die Restfläche farbig an.

9. Am Anfang der Geschichte wurde der Tollpatsch von den anderen Osterhasen ausgelacht. Zum Schluss konnte er wieder lachen. Warum wohl?

10. Die anderen Osterhasen hätten den kleinen Tollpatsch nicht auslachen müssen. Sie hätten sich auch netter verhalten können. Wie?

D | **Name:** _____ | **Klasse:** _____ | **Datum:** _____ | **Nr.** ____

Ostern ist immer im Frühling. Kleine Kinder glauben: In dieser Zeit legt der Osterhase die Eier, färbt sie und versteckt sie im Garten.

11. Betrachte das **Bild**. Franzi sucht am Ostermorgen in der Früh nach versteckten Eiern im Garten. Du darfst jetzt selbst Eierverstecken spielen. Zeichne ins Bild weitere Verstecke (Büsche, Steinhaufen, Höhlen) ein, in denen Eier verborgen sind. Male sodann die Eier und das Bild farbig aus.

12. Schreibe nun mithilfe des Bildes und der folgenden Stichpunkte eine Oster-Geschichte auf deinen Block.

Franzi sucht im Garten nach Ostereiern

von _____ _____

- Wo die Eier versteckt sein könnten: hinter dem Zaun, im Busch, unter der Bank, im Mauerloch, im Grasbüschel, in der Astgabel.
- Franzi kann Eier: sehen, wahrnehmen, erspähen, entdecken, erkennen.
- Ein gefundenes Ei kannst du: aufheben, ergreifen, in die Hand nehmen, in den Korb legen, auf der Wiese kullern, ins Haus tragen.
- Wenn du ein gut verstecktes Ei im Garten findest, kannst du ausrufen:

  „Ui, hier ein Ei, dort ein Ei, hab schon zwei!"

  „Sieh mal an, das lila Ei liegt im Mauseloch!"

  „ Oha, dieses Ei ist gut versteckt, hab es doch entdeckt!"
- Mutter ruft: „Franzi, komm schnell herbei, da ist noch ein Osterei!"

> **Wer die schönste Geschichte schreibt, bekommt ein Osterei.**

| **D** | **Name:** _____ | **Klasse:** _____ | **Datum:** _____ | **Nr.** ____ |

Tiere der Hecke

In Gärten kommt die Hecke häufig vor. Sie ist ein beschnittenes Buschwerk, das meistens das Grundstück abgrenzt und Schutz bietet gegen Sicht, Wind, Staub und Straßenlärm. In der freien Natur - auf der Flur - ist die Hecke ein Feldgehölz, das sich aus kleinen Laubbäumen, Sträuchern und Kräutern zusammensetzt. Früher hat man Hecken am Feldrand einfach verbrannt. Die Folgen sind verheerend gewesen, denn der schlimmste Feind des Ackerbodens ist der Wind. Ohne schützende Hecken weht der Wind die fruchtbare Ackerkrume weg. Das Bild zeigt dir, wie stark durch eine Hecke der Wind abgeschwächt wird.

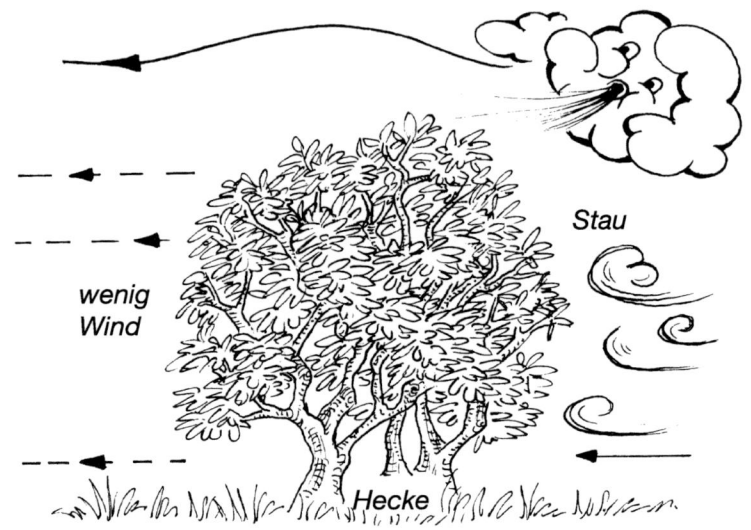

wenig Wind

Stau

Hecke

Hecken beherbergen viele Singvögel und Kleinlebewesen, die sie als guten Wohn-, Nist- und Futterplatz nutzen. Viele Singvögel sind nämlich Buschbrüter. In einer Garten- oder Feldhecke finden sie die besten Nistplätze. In den dichten Zweigen und Ästen eines Busches kann leicht ein Nest gebaut werden, das von Raubvögeln schlecht eingesehen werden kann.

In der Hecke wohnen viele Singvögel: Dompfaff, Grünfink, Sperling, Blaumeise, Zaunkönig, Rotkehlchen und die allseits bekannte Amsel. Sie vertilgen Unmengen an Insekten und Feldschädlingen. Im Herbst freuen sich die Vögel über die Früchte der Hecke: Hagebutten, Brombeeren, Himbeeren, Vogelbeeren, Weißdorn, Holunderbeeren.

Der Dompfaff frisst Insekten und Samen, der Grünfink Knospen, Blüten, Beeren und Insekten. Der Haussperling vertilgt Insekten und Spinnen, verzwickt auch Haushaltsabfälle wie Brot und Gemüse. Die Blaumeise futtert gerne Sonnenblumenkerne und der Grünfink pickt sich im Herbst aus der Hagebutte die Kerne heraus. Der Zaunkönig jagt kleine Kerbtiere. In der Boden- und Krautschicht einer Hecke leben gerne auch Igel, Mäuse, Zauneidechsen und Erdkröten. Der Hase findet im dichten Gestrüpp Zuflucht vor dem Raubvogel Habicht. Der Marienkäfer ist ein sehr nützliches Tierchen. Er frisst täglich bis zu *100* Blattläuse. Die Amsel sucht am Boden Würmer und Insekten und baut im Frühjahr aus vielen kleinen Stöckchen ein Nest im Gebüsch.

D **Name:** _____ **Klasse:** _____ **Datum:** _____ **Nr.** ____

1. Kreuze richtig an. Eine **Gartenhecke** dient als

O Regenschutz   O Grundstücksbegrenzung   O Sichtschutz   O Windschutz

O Sonnenschutz   O Staubschutz   O Nistplatz   O Lärmschutz

2. Warum ist der Wind der schlimmste Feind des Ackerbodens?

_____

3. Wieso kann eine Hecke am Feldrand eines Ackers die fruchtbare
Ackerkrume schützen?

_____

_____

Hecke

4. Warum ist eine Hecke ein guter Nistplatz?

_____

_____

5. Finde heraus, wie die **Singvögel** heißen. Male sie farbig aus.

Wer bin ich?
*Schau, Scheitel,
Schwanz, Flügel,
alles blau!
Futtere gerne Son-
nenblumenkerne.
Singe zizi-tütütü,
laut: terretetet.*

_____

Wer bin ich?
*Bin zwar klein, aber
König, fein!
Bräunlich gefiedert,
zart gegliedert.
Nur neun Gramm
schwer, was will ich
mehr?*

_____

Wer bin ich?
*Grauer Bauch,
braunen Rücken,
kann entzücken.
Bin auf jedem Platz,
Kinder rufen: Spatz.
Hörst du, wie ich
schilpe? Schilp, schilp!*

_____

Wer bin ich?
*Mein Bauch ist rot,
mein Rücken grau.
Schau, schau!
Trage meine schwarze
Kappe umher,
wie ein stolzer
Domherr!*

_____

| **D** | **Name:** _____ | **Klasse:** _____ | **Datum:** _____ | **Nr.** _____ |

Die Heckenrose - eine Langschläferin

Die Heckenrose - ein sommergrüner Strauch - wird häufig am Waldrand, an Straßen- und Platzrändern als Vogelschutzhecke gepflanzt.

Die Blüten sind hellrosa bis blassrot. Die scharlachroten Früchte werden Hagebutten genannt und sind essbar. Aus ihnen können die Menschen im Herbst Marmelade und Tee machen. Viele Singvögel öffnen die Hagebutten und fressen das saftige Fruchtfleisch. Nur die Grünlinge picken die Kerne aus der Hagebutte heraus und verspeisen sie.

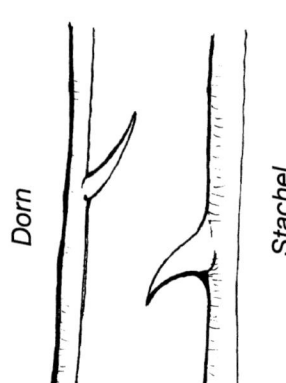

Dorn · *Stachel*

Jede Rose ist eine Kletterpflanze. Die Rosenzweige haben haklige Stacheln. Im Dickicht kann sich die Rose mit ihren hakenförmig gebogenen Stacheln festhalten und hochranken, bis sie das Licht erreicht hat. Mit dem Reißhaken als Waffe kann sie sich gegen Tierfraß schützen. Ein Dorn dagegen ist ein zugespitzter, verholzter Zweig. In der Hecke besitzen Weißdorn und Schlehdorn Dornen, ebenso die Berberitze. Die Heckenrose öffnet ihre rosaroten Blütenblätter erst um die Mittagszeit, ist also eine Langschläferin. Sie sieht aus wie eine Krone, in deren Mitte sich die gelben Staubgefäße befinden. Die Heckenrose duftet angenehm und riecht vielfach nach Apfelduft, weil sie verwandt ist mit dem Apfelbaum.

Verfolge einmal anhand der Bilder unten die Entwicklung der Heckenrose von der Blüte zur Frucht. Sie blüht im Juni. Nach der Bestäubung fallen die fünf Blütenblätter ab und im Juli bildet sich der grüne Fruchtknoten aus, der im August zur grünen Frucht heranwächst, die im September rot und reif wird. Schneidest du eine reife Hagebutte der Länge nach durch, so findest du in ihrem Inneren kleine Samen mit Härchen. Diese behaarten Nüsschen werden in der Kinderzeit als „Juckpulver" verwendet. Was kannst du damit anstellen? Oder lieber nicht!

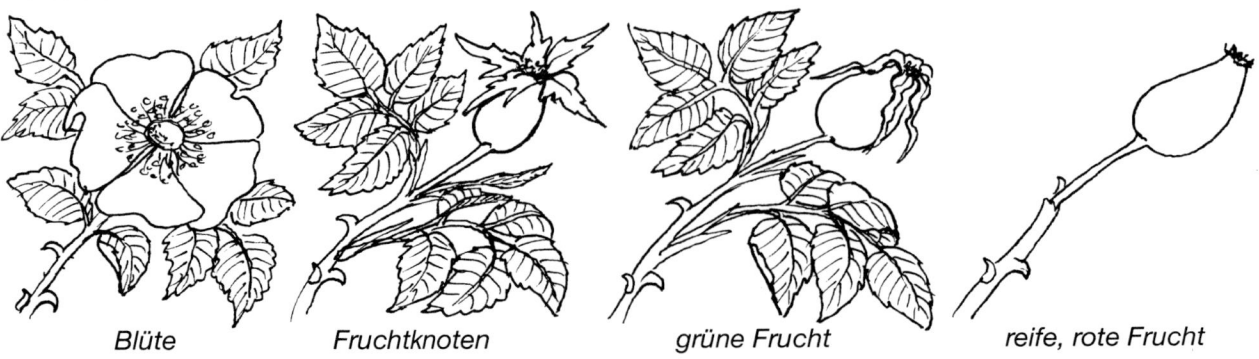

Blüte   *Fruchtknoten*   *grüne Frucht*   *reife, rote Frucht*

D | **Name:** _____ | **Klasse:** _____ | **Datum:** _____ | **Nr.** _____

1. Male das Blütenbild farbig aus. Kreuze vorher an.

a) Welche Farbe haben die fünf Blütenblätter?

○ hellrosa ○ dunkelrot ○ blassrot

b) Wie sind die Staubgefäße der Blüte gefärbt?

○ weiß ○ gelb ○ rosarot ○ hellgrün

c) Welche Farbe haben die gefiederten Blätter?

○ grün ○ braun ○ dunkelrot

2. Was kann im Herbst aus den Hagebutten hergestellt werden?

○ Marmelade ○ Kaffee ○ Tee ○ Gelee ○ Apfelsaft

3. Welcher Singvogel pickt nur die Kerne aus der Hagebutte?

○ Blaumeise ○ Zaunkönig ○ Rotkehlchen ○ Grünling

4. Wozu dient der hakenförmig gebogene Stachel der Heckenrose?

Stachel

5. Welche Heckensträucher haben Dornen?

○ Weißdorn ○ Rosenstrauch ○ Schlehdorn

○ Berberitze ○ Jasminstrauch ○ Brombeere

Wie kann sich eine Pflanze mit Dornen wehren?

Dorn

6. Wie kannst du Juckpulver herstellen?

7. Beschreibe die Entwicklung der Heckenrose von der **Blüte** zur **Frucht**.

| **D** | **Name:** _____ | **Klasse:** _____ | **Datum:** _____ | **Nr.** ____ |

Die Amsel - ein Buschbrüter

Das Amselmännchen hat ein schwarzes Gefieder. Schnabel und Augenring sind aber leuchtend gelb. Dagegen ist das Weibchen dunkelbraun und hat eine etwas hellere Bauchseite. Das Amselmännchen singt hell und klar, bringt schöne Töne hervor und kennt viele Strophen.

Meistens singt es morgens und abends, am liebsten von einem hohen Aussichtspunkt aus. Mit seinem Gesang verfolgt es zwei Ziele: Die braunen Weibchen sollen angelockt, die schwarzen Gegenspieler vertrieben werden und somit erfahren, dass das Revier schon besetzt ist.

Im Frühling - in der Paarungszeit - sind die Männchen sehr gereizt und liefern sich regelrechte Kämpfe. Jeder fremde Rivale mit einem gelben Schnabel wird sofort aus dem Revier vertrieben. Aus Wut zerhacken Amselmännchen oft gelbe Krokusse, weil sie sie aus Versehen für den gelben Schnabel eines Rivalen halten.

Das braun gefiederte Weibchen stößt dagegen nur Warn- und Locklaute aus.

Amseln kannst du gut im Garten beobachten, wie sie auf dem Rasen nach Futter suchen. Dabei hüpfen sie mit großen Sprüngen vorwärts, scharren mit ihren Füßen wie Hühner im feuchten Rasen, bohren ihre Schnäbel ins Gras, ziehen und zerren

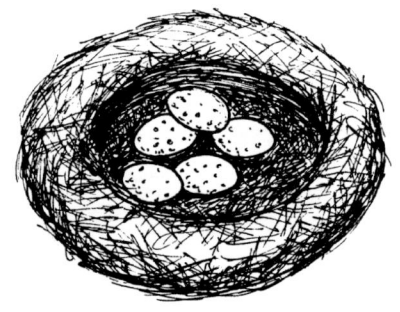

so lange, bis sie einen Regenwurm aus dem Erdreich gezogen haben. Er ist ihre Lieblingsspeise. Mit Vorliebe baut die Amsel ihr Nest in die Astgabel eines dichten Busches oder einer Hecke. Man nennt den Vogel deshalb auch Baum- oder Buschbrüter. Im undurchdringlichen Buschwerk sind die jungen Amseln ziemlich sicher vor ihren Feinden, wie Katzen, Marder und Raubvögeln. Etwa Mitte April legt das Weibchen vier bis sechs bläuliche, rot gesprenkelte Eier ins Nest und brütet sie gut zwei Wochen lang aus. Dann schlüpfen die Jungen aus. Sie sind nackt und hilflos und können weder sehen noch stehen, noch alleine fressen. Sie heißen darum Nesthocker. Das Amselweibchen wärmt die Jungen in den ersten Tagen, während das Männchen Futter holt. Später füttern beide Eltern. Jeder Jungvogel sperrt den Schnabel weit auf und ein gelbroter Fleck wird sichtbar. Der geöffnete Rachen mit dem Farbfleck übt auf die Vogeleltern einen Schlüsselreiz aus, der sie zum Füttern anregt. Sie stopfen dann unentwegt Futter in die unersättlichen gelben Schlünde der Jungvögel.

| **D** | Name: _____ | Klasse: _____ | Datum: _____ | Nr. _____ |

1. Kreuze an, wie die Amseln gefärbt sind.
Male sie dann farbig aus.

Männchen

Männchen: O braun   O schwarz   O roter Schnabel
              O gelber Augenring   O gelber Schnabel

Weibchen: O grau   O braun   O rötlich gefärbt
              O brauner Schnabel   O Bauch: hellbraun

Weibchen

2. Warum singt das **Amselmännchen**. Dafür gibt es zwei Gründe.

1. _____

2. _____

3. Wieso zerhacken Amselmännchen im Frühjahr gern **gelbe** Blumen?

_____

4. Warum baut die Amsel ihr Nest im dichten Busch?

_____

_____

5. Schreibe mithilfe der Stichpunkte unten eine **Niederschrift** auf deinem Block zum Thema:

Wie leben junge Amseln im Nest?

von _____ _____

Amselweibchen legt vier bis sechs Eier.
zwei Wochen Brutzeit - Junge schlüpfen
Das können die Jungen noch nicht:
• sehen
• stehen
• fliegen   **Nesthocker**
• alleine fressen
• Nest verlassen

Junge Amseln liegen im Nest.
Sie sperren den Schnabel auf.
Das müssen die Altvögel tun:
• Nahrung holen
• füttern
• Nest säubern   **Brutpflege**
• wärmen
• warnen

Nest als Wohnstätte für die Jungvögel

Nest als Aufzuchtstätte

| **D** | **Name:** _____ | **Klasse:** _____ | **Datum:** _____ | **Nr.** ____ |

Wie Tiere den Winter überleben

Im Winter sind viele Tiere bedroht. Sie können erfrieren oder verhungern. Wenn im Herbst die Tage kälter werden, ziehen sich zum Beispiel Haselmaus, Murmeltier und Igel zu einem <u>Winterschlaf</u> zurück.

Schon vor Herbstbeginn bereiten sie sich auf diesen Winterschlaf vor. Sie fressen so viel, dass sie dick und fett werden. Im Winter zehren sie dann von diesem gespeicherten Fett.

Der Igel überwintert in einem 30 cm tiefen Reisig- und Laubhaufen. Die Körpertemperatur sinkt ab, der Herzschlag verlangsamt sich. Der Igel beginnt zu schlafen. Rechtzeitig zum Frühlingsanfang wacht er wieder auf. Sein Fettpolster ist aufgezehrt. Abgemagert kommt er ans Tageslicht und hat nun großen Hunger. In der Dämmerung beginnt er zu jagen und frisst Würmer, Raupen und Käfer. Das Eichhörnchen dagegen überwintert

auf eine andere Weise. Es versteckt im Herbst Eicheln, Haselnüsse und Bucheckern im Boden, in Astlöchern und in Nestern. Im Winter schläft es meist in seinem Nest (Kobel), hält aber keinen Dauerschlaf, sondern nur eine <u>Winterruhe</u>. Hunger und strenger Frost wecken das Eichhörnchen von Zeit zu Zeit auf. Mit erstaunlicher Sicherheit findet es seine Vorratsverstecke, auch wenn sie schneebedeckt sind. Mit seinen Schneidezähnen knackt es die gesammelten Nüsse und frisst die weichen Kerne.

Unter der dicken Eisdecke eines Sees können Fische leben. Sie bleiben aber am Boden im Schlamm. Dort bewegen sie sich kaum noch. Ihre Körper werden ganz starr.

Sie verfallen in eine <u>Winterstarre</u>. Die Kälte kann ihnen jetzt kaum etwas anhaben. Den Sauerstoff, den die Fische zum Atmen brauchen, erzeugen weiterhin Wasserpflanzen wie Binsen und Schilf. Ein Fisch atmet im kalten Wasser nur noch selten, etwa einmal in der Minute. Er verbraucht wenig

Wie leben Fische unter der Eisdecke?

Energie und will kein Futter fressen. Ein Karpfen wühlt sich im Herbst in den Bodenschlamm ein. Er zehrt über den Winter von dem im Körper gespeicherten Fett. Im Frühling erwacht er wieder aus seiner Starre.

| **D** | Name: _____ | Klasse: ____ | Datum: _____ | Nr. ____ |

1. Kreuze an, welche Tiere einen **Winterschlaf** halten.

O Fuchs   O Haselmaus   O Maulwurf   O Dachs   O Igel   O Murmeltier

2. Wie bereiten sich die Winterschläfer im Herbst auf den Winter vor?

3. Warum können junge, magere Igel, die nur 500 g bis 700 g schwer sind, den langen, kalten Winter **nicht** überleben?

4. Wie bereitet sich das Eichhörnchen im Herbst auf seine **Winterruhe** vor?

5. Einige Fische können im Winter unter der Eisdecke eines Weihers überleben. Kreuze an. Sie verfallen in

O einen Winterschlaf.   O eine Winterstarre.   O eine Winterruhe.

6. Fische brauchen **Sauerstoff**, um unter einer Eisdecke im Wasser atmen zu können. Wer erzeugt den Sauerstoff?

7. Schreibe eine Niederschrift zum Thema:

Wie überlebt der Karpfen den Winter?

| **D** | **Name:** _____ | **Klasse:** _____ | **Datum:** _____ | **Nr.** ____ |

Ernähre dich richtig

Wenn du dich nicht richtig ernährst, kannst du schon als Kind krank werden. Um gesund zu bleiben, brauchst du jeden Tag eine vielseitige und abwechslungsreiche Ernährung.

Wichtige Nährstoffe sind in Getreideprodukten enthalten wie Brot, Nudeln, Reis und Müsli. Sie heißen <u>Kohlehydrate</u>, die auch in Zucker und in Süßigkeiten wie Bonbons und Schokolade vorkommen. <u>Fette</u> findest du in Butter, Speck und Sahne. Diese Stoffe liefern dem Körper Energie und bringen Kraft zum Spielen, Laufen und Arbeiten.

Damit du wachsen kannst und sich dein Körper entwickeln

kann, brauchst du den Baustoff <u>Eiweiß</u>. Er ist enthalten im Ei (Eiweiß), in Milch, in sämtlichen Milchprodukten wie Jogurt, Quark und Käse, aber auch in Fisch und Fleisch. Ohne Eiweiß in den Lebensmitteln bekommst du keine starken Muskeln und dein Körper würde kraftlos wirken.

Um im Leben gesund zu bleiben, musst du vor allem täglich Obst essen wie Äpfel, Birnen, Orangen und Bananen. Auch Gemüse wie Salat, Karotten,

Gurken und Tomaten darfst du abwechselnd genießen. Diese Nahrungsmittel enthalten gesunde <u>Vitamine</u>. Sie schützen dich vor vielen Krankheiten. Wer sich auf Dauer falsch ernährt, wird mit der Zeit krank. Damit dies nicht geschieht, solltest du einige <u>Ernährungsregeln</u> beachten:

Cola, hmm!

- Zu viele Kohlehydrate und Fette wie sie im Hamburger, in Pommes, Chips und Schokoriegeln vorkommen, machen dick! Du wirst dann müde und faul.
- Wer zu viel Süßigkeiten nascht wie Bonbons, Kekse, Tortenstücke, Marmelade kann mit der Zeit zuckerkrank werden und Zahnkaries bekommen.
- Vermeide Nahrungsmittel, die zu viel Fett, Zucker oder Salz enthalten! Gehe mit Zucker und Salz sparsam um!
- Versuche, von möglichst vielen Nahrungsmitteln etwas zu essen. Ernähre dich abwechslungsreich!
- Trinke im Laufe eines Tages mehrmals Mineralwasser, Milch oder Apfelschorle! Vermeide Getränke wie Cola, süße Limonade! Sie enthalten viel zu viel Zucker, sind deshalb schädlich.

| **D** | **Name:** _____ | **Klasse:** _____ | **Datum:** _____ | **Nr.** _____ |

Leseprobe: Ernähre dich richtig

1. Notiere vier Lebensmittel, die aus **Getreide** hergestellt werden.

___/4

2. Kreuze nur die Lebensmittel an, die viel **Fett** enthalten.

O Butter   O Obst   O Speck   O Gemüse   O Sahne   O Honig   ___/3

3. Eiweiß kommt in Milch vor. Schreibe drei **Milchprodukte** auf.

___/3

4. Gemüse enthält Vitamine. Kreuze nur die **Gemüsesorten** an.

O Salat   O Reis   O Karotten   O Bananen   O Gurken   O Kürbis   ___/4

5. Kreuze im **Speiseplan** an, was du an einem Tag alles essen und trinken kannst, um dich gesund zu erhalten.

Frühstück: O Müsli   O Sahnekuchen   O 1 Glas Milch   O Chips
O Vollkornbrot   O Jogurt   O Cola   O Orangensaft   ___/5

Schulpause: O süße Limo   O Apfelsaftschorle   O 1 Banane
O 1 Brezel   O Kekse mit Schokocreme   O 1 Apfel   ___/4

Mittagessen: O Scheinebraten, fette Soße   O Huhn mit Reis
O Hamburger mit Pommes   O Spaghetti, Ketchup   ___/2

Abendessen: O 1 Speckbrot   O 1 Schinkenbrot   O Früchtetee
O Obstsalat   O Gemüsesuppe   O 2 Salamisemmeln   ___/4

6. Trinke mehrmals am Tag:

Vermeide Getränke wie:

___/4

7. Stelle die richtigen **Ernährungsregeln** auf. Streiche deshalb die **falschen** Wörter durch.

• Vitamine schützen vor wenigen/vielen Krankheiten.
• Zahnkaries entsteht, wenn du viele/wenige Süßigkeiten isst.
• Viele verspeiste Hamburger mit Pommes machen schlank/dick.
• Vermeide Nahrungsmittel mit viel/wenig Fett, wenig/viel Zucker.
• Trinke am Tag selten/mehrmals Mineralwasser und Milch.
• Ohne Eiweiß in Lebensmitteln werden die Muskeln schwach/stark.

___/7

Bemerkung: _____

_____   Punkte: [__/40]

_____   Note: [   ]

D | **Name:** _____ | **Klasse:** _____ | **Datum:** _____ | **Nr.** _____

Die Prinzessin auf der Erbse

Hans Christian Andersen

Es war einmal ein Prinz, der wollte eine Prinzessin heiraten, aber es sollte eine wirkliche Prinzessin sein. Nun reiste er durch die ganze Welt, um eine solche zu finden, aber überall stand etwas im Wege. Prinzessinnen waren schon genug da, aber ob es auch wirklich Prinzessinnen waren, dahinter konnte er durchaus nicht kommen. Immer war etwas da, was nicht stimmte.

So kam er bald wieder nach Hause und war ganz betrübt, denn er wollte so gern eine wirkliche Prinzessin haben. Eines Abends kam ein furchtbares Unwetter auf. Es blitzte und donnerte, der Regen strömte hernieder, es war geradezu entsetzlich.

Da klopfte es an das Schlosstor und der alte König ging hin, um es zu öffnen. Es war eine Prinzessin, die draußen stand. Aber mein Gott, wie sah sie von dem Regen und dem bösen Wetter aus! Das Wasser triefte ihr von den Haaren und den Kleidern herunter und lief in die Schuhspitzen hinein und aus den Hacken* wieder heraus, und sie sagte, dass sie eine wirkliche Prinzessin wäre.

Nun, das wollen wir bald genug herausbekommen, dachte die Königin ...

* Hacke = Ferse, Schuhabsatz

1. Stelle dir vor, wie ein **Märchenschloss** aussieht. Ergänze das Bild. Male es farbig aus.

D | Name: _____ | Klasse: _____ | Datum: _____ | Nr. _____

Du wirst jetzt die **Merkmale** eines **Märchens** selbst herausfinden.

2. Lies den 1. Abschnitt der Geschichte durch. Schreibe den Satzteil heraus, der dir sagt, dass es sich um ein Märchen handelt.

_____

_____

3. In einem Märchen kommen häufig bestimmte Personen vor. Welche?

_____   _____   _____   _____

4. Und den Schauplatz des Märchens kennst du auch. Es ist ein __ __ __ __ __ __ .

Woran man ein **Märchen** erkennt:

Merke!

- **Satzteil:** Es war einmal ...
- **Personen:** Prinzessin, Prinz, König, Königin
- **Schauplatz:** ein Schloss
- **Erzählung:** fantasievoll, wundersam

5. Der Prinz reiste durch die ganze Welt, um eine **wirkliche** Prinzessin zu finden. Gelang ihm das?   O ja   O nein

6. Am Schlosstor klopfte es. Eine junge Frau stand da. Kreuze an.

O Die Frau behauptete, eine wirkliche Prinzessin zu sein.

O Sie war keine Prinzessin, wollte den Prinz nur heiraten.

7. Das wollen wir herausbekommen, dachte sich die Königin ...

Schreibe auf, welche **Idee** die Königin vermutlich wohl haben wird, um herauszufinden, ob die junge Frau **wirklich** eine **Prinzessin** ist.

Das will ich herausfinden!

_____

_____

_____

_____

_____

D Name: _____ Klasse: _____ Datum: _____ Nr. _____

Nun, das wollen wir bald genug herausbekommen, dachte die Königin, sagte aber nichts, ging in das Schlafzimmer, nahm alle Betten heraus und legte eine Erbse auf den Boden der Bettstelle. Dann nahm sie zwanzig Matratzen, legte sie auf die Erbse, und dann noch zwanzig Eiderdaunenbetten* oben auf die Matratzen. Da sollte die Prinzessin nun des Nachts liegen.

Am Morgen fragte man sie, wie sie geschlafen hätte. „Oh, entsetzlich schlecht!", sagte die Prinzessin. „Ich habe fast die ganze Nacht kein Auge zutun können! Gott weiß, was in meinem Bett gewesen ist. Ich habe auf etwas Hartem gelegen, sodass ich am ganzen Körper grün und blau bin. Es ist wahrhaftig entsetzlich!"

Daran konnte man denn sehen, dass sie eine wirkliche Prinzessin war, da sie durch zwanzig Matratzen und die zwanzig Eiderdaunenbetten die Erbse gefühlt hatte. So feinfühlig konnte nur eine wirkliche Prinzessin sein.

Da nahm der Prinz sie zur Frau, denn nun wusste er, dass er eine wirkliche Prinzessin gefunden hatte, und die Erbse kam in die Kunstkammer, wo sie heute noch zu sehen ist, wenn sie niemand genommen hat. Seht, das war eine wirkliche Geschichte.

* Eiderdaunen = Bettfedern von der Eider-Ente

8. Betrachte das Bild. Schreibe auf, wohin die Königin die Erbse legte und was sie dann auf die Erbse legte.

9. Überlege: Auf deinem Bett liegt eine harte Erbse. Würdest du etwas spüren oder fühlen, wenn du direkt auf der Erbse im Bett schlafen müsstest?

        O ja   O nein

10. Und wenn du eine Matratze über die Erbse legst? Würdest du die Erbse auch dann noch spüren, wenn du in diesem Bett schlafen müsstest?

O Ich fühle nichts.   O Ich fühle kaum etwas.   O Ich spüre die Erbse.

| **D** | Name: _____ | Klasse: _____ | Datum: _____ | Nr. ____ |

Und wie hat die Prinzessin auf der Erbse geschlafen?

11. Am nächsten Morgen fragten der König und die Königin die Prinzessin, wie sie geschlafen hätte. Kreuze an, was die Prinzessin geantwortet hat.

a O Oh, ich habe entsetzlich schlecht geschlafen!

b O Auf den vielen Matratzen und Betten habe ich wunderbar geschlafen.

c O Ich habe fast die ganze Nacht kein Auge zugemacht.

d O Oh, wie weich es sich auf den Betten schläft.

e O Ich habe auf etwas Hartem gelegen und bin grün und blau am Körper.

12. Woran konnte man erkennen, dass die junge Frau eine wirkliche Prinzessin war? Ergänze die Leerstellen.

Entsetzlich schlecht!

Gut geschlafen?

Die Prinzessin hatte die Erbse gefühlt durch

_____

_____

_____

So feinfühlig konnte nur

_____

_____

13. Da nahm der Prinz die Prinzessin zur Frau. Besprecht in der Gruppe und schreibt dann auf, warum es für die Königin wichtig ist, dass der Prinz eine **feinfühlige** und **empfindsame** Prinzessin als Braut bekommt und keine hartherzige.

_____

_____

_____

_____

_____

| **D** | **Name:** _____ | **Klasse:** _____ | **Datum:** _____ | **Nr.** ___ |

Der Esel und der Hund
nach Jean de La Fontaine

Ein Bauer, ein Esel und ein Hund liefen einmal übers Feld. Der Bauer wurde müde und legte sich zum Schlafen unter einen Baum.

Der Esel begann zu grasen, freute sich und sagte: „Oh, mir geht es gut! Rings um mich herum wächst frisches, saftiges Gras!"

Der Hund sah mit leerem Magen zu und sagte zum Esel: „Ach, lieber Freund, wie hungrig bin ich! Wenn du dich etwas bückst, kann ich mein Essen aus dem Korb auf deinem Rücken holen."

Doch der faule Esel hatte keine Lust, dem Hund zu helfen und sagte: „Warte, mein Freund, bis dein Herr aufwacht! Der gibt dir dann dein Futter."

Kaum hatte der Esel ausgesprochen, sahen sie am Waldesrand einen hungrigen Wolf. Voller Angst rief der Esel: „Hund, mein lieber Hund, zu Hilfe, zu Hilfe!"

Doch der Hund sprang schnell auf einen Baum und rief von oben herab: „Warte, mein Freund, bis dein Herr aufwacht, der schützt dich dann vor dem bösen Wolf!"

1. Kreuze an, wer übers Feld lief:

O ein Esel   O ein Wolf   O ein Bauer   O ein Hund   O eine Katze

2. Der Bauer legte sich zum Schlafen unter einen Baum. Kreuze an.

O Der Bauer wollte seinen Esel grasen lassen.

O Der Bauer war müde geworden.

3. Warum freute sich der Esel auf dem Feld?

_____

_____

4. Warum wollte der Hund sein Essen aus dem Korb haben?

_____

D	**Name:** _____	**Klasse:** _____	**Datum:** _____	**Nr.** ____

5. Finde heraus, warum der Esel dem Hund nicht helfen wollte.

O Der Esel war faul.   O Er hasste Hunde.   O Er hatte keine Lust.

Warte!

6. Der Esel machte stattdessen einen Vorschlag.

7. Da erschien am Waldesrand ein hungriger Wolf.

Ängstlich rief der Esel:

„Hund,

8. Der Hund flüchtete auf einen Baum und rief von oben herab:

„Warte, bis

Warte!

9. Schreibe den **Grund** auf, warum der Hund dem Esel nicht half.

10. Kreuze die Sätze an, welche die **Lehre** der **Fabel** wiedergeben.

O Wer einem anderen nicht hilft, dem wird auch nicht geholfen.

O Helfen musst du niemals!

O Man hilft besser einander.

O Wenn du anderen hilfst, dann helfen sie dir vielleicht auch.

11. Du darfst jetzt diese **Fabel** auf deinem Block **umschreiben**. Aber: Der Esel hilft dem Hund. - Der Hund hilft dem Esel.

Schreibe eine spannende Geschichte, wie dies geschehen soll. Erfinde einen passenden Schluss mit der zugehörigen Lehre.

Esel und Hund halfen einander

von _____ _____

| D | Name: _____ | Klasse: ____ | Datum: _____ | Nr. ____ |

Die Legende vom Ochsen und vom Esel

Erika Zahn

1 Als sich Maria und Josef nach Bethlehem aufmachten, liefen auch die Tiere dorthin. Denn keines wollte die heilige Nacht versäumen. Ein jedes wollte im Stall das Jesuskind erwarten, und bald begannen sie immer schneller zu laufen, denn jedes wollte das erste sein und in dem kleinen Stall unterkom-

5 men.

Als der Erzengel den Zug der hastenden Tiere sah, kam er herab. „Wie gedenkt ihr, dem Herrn der Welt zu dienen?", fragte er sie, um die Tiere herauszufinden, die in den kleinen Stall hineindurften.

Da war es still, aber dann brüllte der Löwe: „Ich werde jeden zerreißen, der

10 es wagt, dem Stall zu nahe zu kommen." „Du bist viel zu wild", sagte der Engel.

Darauf meldete sich der Fuchs: „Jeden Tag werde ich für die Gottesmutter eine Gans stehlen und für das Jesuskind einen Topf Honig." „Du bist viel zu frech", sagte der Engel.

15 Nun stolzierte der Pfau heran. „Die Schönheit meiner prächtigen Pfauenfedern wird den armseligen Stall ganz und gar mit Glanz erfüllen." „Du bist viel zu putzsüchtig", sagte der Engel.

Nun begannen die übrigen Tiere in allen Sprachen sich dem Engel anzuprei-sen. Nur Ochs und Esel standen und schwiegen. „Habt ihr denn gar nichts

20 anzubieten?", fragte der Engel sie.

„Wir haben gelernt, schwere Lasten zu tragen und den Menschen mit Arbeit zu dienen", sagte der Esel. „Wir haben gelernt, auf das Wort zu hören", sagte der Ochs. „Kommt mit", sagte der Engel, „ihr sollt im Stall auf das Kind warten."

1. Warum wollten die Tiere nach Bethlehem laufen?

2. Warum begannen die Tiere immer schneller zu laufen? Kreuze an.

O Sie machten einen Wettlauf. Nur der Sieger durfte das Kind sehen.

O Jedes Tier wollte das erste sein, um im Stall unterzukommen.

3. Welche Tiere wurden in der Legende namentlich genannt?

O Tiger   O Löwe   O Fuchs   O Dachs   O Pfau   O Huhn

O Pferd   O Kamel   O Esel   O Gans   O Ochs   O Bär

| **D** | **Name:** _____ | **Klasse:** ____ | **Datum:** _____ | **Nr.** ____ |

4. Der **Erzengel** - ein besonders vornehmer Engel - wollte herausfinden, welche Tiere in den Stall dürfen. Er fragte sie. (ab Zeile 6)

Wie?

_____

_____

5. Was wollte der König der Tiere, der **Löwe**, für das Jesuskind tun?

_____

_____

6. Was schlug der schlaue **Fuchs** vor? Er wollte jeden Tag stehlen

O ein Huhn.   O eine Gans.   O einen Topf Honig.

7. Und der stolze **Pfau** wollte glänzen mit der Schönheit seiner

prächtigen _ _ _ _ _ _ _ _ _ _ _ _ _ _ .

8. Der Erzengel war aber mit den Vorschlägen der drei Tiere nicht einverstanden. Setze die fehlenden Eigenschaftswörter (Wiewörter) ein.

Du bist ...!

    Löwe, du bist mir viel zu _____.

    Fuchs, du bist viel zu _____.

    Pfau, du bist viel zu _____.

9. Wie wollten **Ochs** und **Esel** dem Herrn dienen? (ab Zeile 21)
Sie hatten gelernt:

Wir lernen.

O schwere Lasten zu tragen.   O kaum zu arbeiten.

O leichte Sachen zu tragen.   O folgsam zu sein.

O den Menschen mit Arbeit zu dienen.

O auf das Wort der Menschen zu hören.

10. Welche **Eigenschaften** der **Tiere** haben den Erzengel bewogen, Ochs und Esel im Stall aufzunehmen? Kreuze an.

O arbeitsam   O stolz   O folgsam   O frech   O willig   O faul

O wild   O demütig   O eitel   O aufopfernd   O widerwillig

11. Eine **Legende** ist eine religiöse Erzählung. Sie will den Menschen etwas sagen.
Beantwortet in Gruppenarbeit die Fragen:

Wie kannst du einem Mitschüler eine Last abnehmen?

Wie hilfst du Mutter in der Küche?

Wann sollst du folgsam sein?

Wie kannst du deinem Banknachbarn bei den Hausaufgaben helfen?

| **D** | **Name:** _____ | **Klasse:** _____ | **Datum:** _____ | **Nr.** ____ |

Der Mampf

Trippel, trappel, Erntezeit,
Körner reif, es ist soweit:
Nichts wie ran mit Volldampf,
Hamster, sag: „Mampf!"

Keiner kriegt wie du so toll
zum Platzen fast die Backen voll.
Hamster, was du hamstern kannst,
in deinen Bau und deinen Wanst!
Jetzt gibt's keine Müdigkeit,
zum Ausruh'n ist die Winterszeit!

Ratter, ratter, Erntezeit,
für wen ist es da noch so weit?
Wer kommt denn da so ungestüm?
Ein riesenhaftes Ungetüm!

Fährt am Felde immerzu,
rattert, gibt nicht eher Ruh,
bis es jeden Halm gepackt,
alle Körner eingesackt.
Ist am Ende noch nicht müd
und statt „Mampf!" ertönt ein „Tüt!"

1. Trippel, trappel, Erntezeit: Wie sammelt der Feldhamster die reifen Getreidekörner auf dem Feld ein?

_____
_____
_____

2. Warum kann sich der Feldhamster im Winter ausruhen?

_____
_____

3. Ratter, ratter Erntezeit: Beschreibe anhand des Bildes, wie der Mähdrescher die Getreidekörner auf dem Feld erntet.

_____
_____
_____

_____
_____

_____
_____

D	Name: _____	Klasse: _____	Datum: _____	Nr. _____

4. Schneide die Satzstreifen aus. Lege sie folgerichtig so auf den Tisch, dass daraus eine Gedichtstrophe wird. Schreibe dann den Text auf die Leerzeilen.

Und nun husch in den Bau hinein,   schon beginnt die Erntezeit.

Damit stopft sich Mampf die Backentaschen voll.

Trippel, trappel, es ist soweit,   die Vorratskammer will ja gefüllt sein.

Viele Körner liegen im Feld herum, toll!

❶ _____

❷ _____

❸ _____

❹ _____

❺ _____

❻ _____

5. Verfasse selbst eine **Strophe** zum Gedicht. Schreibe auf die Leerzeilen einen **Trippel-trappel-Reim** zum Hamster und einen **Ratter-ratter-Reim** zum Mähdrescher.

Der Mampf

Trippel, trappel, _____

_____

Hamster, sag: _____

Ratter, ratter, _____

_____

| D | Name: _____ | Klasse: ____ | Datum: _____ | Nr. ____ |

Novemberwetter
James Krüss 

1 Klitsch, klitsch, klatsch,
2 der Hund fällt in den Matsch.
3 Die Gretel, die am Wege sitzt,
4 die heult, denn sie ist voll gespritzt.
5 Klitsch, klitsch, klatsch,
6 das ist Novembermatsch.

7 Klick, klick, kleck,
8 der Pudel trollt im Dreck,
9 Und als der Pudel kommt nach Haus,
10 da sieht er wie ein Igel aus.
11 Klick, klick, kleck,
12 das ist Novemberdreck.

13 Plim, plim, plam,
14 wir waten durch den Schlamm.
15 Die Damen rufen: Ih und huh!
16 Die Herren tragen Gummischuh.
17 Plim, plim, plam,
18 das ist Novemberschlamm.

Ih, huh!

1. Lies das Gedicht in Ruhe durch. Schreibe die fehlenden **Reimwörter** auf die Leerzeilen des folgenden Schaubildes.

Novemberwetter

1. Strophe: 	2. Strophe: 	3. Strophe: 
⇩	⇩	⇩
klitsch, klitsch,	klick, klick,	plim, plim,
_____	**kleck**	_____
⇩	⇩	⇩
_____	_____	_____

Merke!

Sprich die **lautmalenden** Reimwörter im Gedicht
deutlich und **klangbetont** aus.

| **D** | **Name:** _____ | **Klasse:** ____ | **Datum:** _____ | **Nr.** ____ |

Lesen üben - einmal etwas anders:
Lerne, wie du dieses Gedicht **wortgetreu**, **flüssig** und **klanggestaltend** vortragen kannst.

2. Übungen zur 1. Strophe

a) Hänge an einige Wörter der ersten beiden Zeilen der Reihe nach die Selbstlaute a, e, i, o, u an. Schreibe diese Sätze auf deinen Block. Lies sie dann laut vor und **betone** besonders die **Reimwörter**.

> *Klitschi, klitschi, klatschi, der Hund fällt in den Matschi.*
>
> *Klitscho, klitscho, klatscho, der Hund fällt in den Matscho. ...*

b) Erweitere deinen Blickspann. Lies mehrmals!

> *Die Gretel*
>
> *Die Gretel, die am Wege sitzt,*
>
> *Die Gretel, die am Wege sitzt, die heult,*
>
> *Die Gretel, die am Wege sitzt, die heult, denn sie ist voll gespritzt.*

c) Bilde aus den Buchstabenfolgen richtige Sätze. Schreibe sie auf.

> • *derhundfälltindenmatsch*   • *dasistnovembermatsch*

3. Übungen zur 2. Strophe

a) Übe das **lautgetreue** Vorlesen. Lies die 2. Strophe mehrmals durch, lass aber bei den Klick-Wörtern, Haupt- und Tunwörtern jeweils den ersten Buchstaben, später jeweils zwei Buchstaben weg.

> *.lick, .lick, .leck, der .udel .rollt im .reck. ...*
>
> *..ick, ..ick, ..eck, der ..del ..ollt im ..eck. ...*

b) Lies immer längere Satzteile auf einen Blick.

> *Und als der Pudel*
>
> *Und als der Pudel kommt nach Haus,*
>
> *Und als der Pudel kommt nach Haus, da sieht er wie ein Igel aus.*

Gut gelesen?

4. Übungen zur 3. Strophe

a) Lies **wortgenau** immer längere Wörter.

> *Gum - Gummi - Gummischuh - Gummischuhsohle - Gummischuhsohlenpreis*
>
> *Plam - Schlamm - Novemberschlamm - Novemberschlammschlacht*

b) Kannst du aus den Buchstabenfolgen richtige Sätze bilden? Notiere sie.

> • *wirwatendurchdenschlamm*   • *dieherrentragengummischuh*

5. Ausgestaltung des Gedichtes

> • Vorspiel: Regengeräusche erzeugen (Kassette, Rassel, Trommel)
>
> • Zeilen 1, 7, 13: in die Hände klatschen
>
> • Zeilen 2, 8, 14: mit den Füßen auf den Boden stampfen
>
> • Zeile 15: Mädchen sprechen
>
> • Zeile 16: Jungen lesen
>
> • Zeilen 13-18: szenische Darstellung mit Orff-Instrumenten

| **D** | **Name:** _____ | **Klasse:** _____ | **Datum:** _____ | **Nr.** ____ |

Mein Ball

Josef Guggenmos

Märchen
Hans im Glück

1	Mein Ball	Mein Ball
2	zeigt, was er kann,	zeigt, er kann's,
3	hüpft	hüpft
4	hoch wie ein Mann,	hoch wie der _____,
5	dann	dann
6	hoch wie eine Kuh,	hoch wie ein _____,
7	dann	dann
8	hoch wie ein Kalb,	hoch wie eine _____,
9	dann	dann
10	hoch wie eine Maus,	hoch wie ein _____,
11	dann	dann
12	hoch wie eine Laus,	hoch wie eine _____,
13	dann	dann
14	ruht er sich aus.	hoch wie ein _____.

O du dummer Hans!

1. Das Gedicht von Josef Guggenmos kannst du umschreiben. Entnehme die fehlenden Wörter aus dem Märchen „Hans im Glück".

2. Erzähle deinem Nachbarn das Märchen.
Hans gibt sein Gold für das Pferd. ...

3. Findest du die fehlenden **Reimwörter** im Gedicht?
• kann - _____   • Mann - _____   • Maus - _____   • Laus - _____

4. Schreibe auf die Leerzeilen des **Schaubildes** die fehlenden Wörter.

Mein Ball hüpft hoch ...

.... wie ein _____.

.... wie eine _____.

.... wie ein _____.

.... wie eine _____.

.. wie eine _____.

| **D** | Name: _____ | Klasse: ____ | Datum: _____ | Nr. ____ |

5. Lasse einen Lederfußball aus einer Höhe von einem Meter herunterfallen. Was glaubst du, wie oft er aufspringen wird, bevor er ruht?

     O zweimal   O fünfmal   O zehnmal   O _____

6. Wie oft hüpft der Ball in dem Gedicht von Josef Guggenmos?

     O viermal   O fünfmal   O sechsmal

7. Betrachte das Schaubild. Der Ball hüpft mehrmals

     O immer gleich hoch.   O immer weniger hoch.

8. Überlege: Was glaubst du, warum der Dichter die folgenden Wörter der **Größe** nach verwendet hat?

Mann ➪ Kuh ➪ Kalb ➪ Maus ➪ Laus

_____

_____

9. Im Gedicht hüpft der Ball **fünfmal** auf. Genauso oft verwendet der Dichter das gleiche Wort „**dann**". Warum wohl?

_____

10. Schreibe jetzt dein **eigenes Gedicht**. Denke dir fünf Gegenstände aus, die unterschiedlich groß sind, aber immer **niedriger** werden. Zeichne sie in die Rechtecke.

Mein Ball

Mein Ball
zeigt, was er kann,
hüpft
hoch wie _____ _____ ,
dann
hoch wie _____ _____ ,
dann
hoch wie _____ _____ ,
dann
hoch wie _____ _____ ,
dann
hoch wie _____ _____ ,
dann
ruht er sich aus.

| **D** | **Name:** _____ | **Klasse:** _____ | **Datum:** _____ | **Nr.** _____ |

Kinderkram

Hans Stempel / Martin Ripkens

1 Taschenmesser, Luftballon,
2 Trillerpfeife, Kaubonbon,

3 Abziehbildchen, Sheriffstern,
4 Kuchenkrümel, Pflaumenkern,

5 Bleistiftstummel, Kupferdraht,
6 Kronenkorken, Zinnsoldat,

7 ja, sogar die Zündholzdose
8 findet Platz in Peters Hose.

9 Nur das saubre Taschentuch
10 findet nicht mehr Platz genug.

1. Was in Peters Hosentasche alles sein kann. Suche im Text die passenden **Reimwörter** und schreibe sie heraus.

- Luftballon   - _____
- Kupferdraht - _____
- Taschentuch - **Platz**_____

- Sheriffstern   - _____
- Zündholzdose - **Peters**_____

2. Lies die Reimwörter laut vor. Betone die **Endreime**!
- Luft**ballon** - Kau**bonbon**
- Sheriff**stern** - Pflaumen**kern**

> Wörter, die am Ende fast **gleich** klingen, nennt man
> **Reimwörter**. Es sind Endreime.
> Man sagt auch: Die Wörter reimen sich am Ende.
> Beispiele: ...ballon - ...bonbon
>   ...stern - ...kern

Merke!

3. Und was hast **du** alles an Kram (= Sammelsurium, Siebensachen, Plunder, angesammelte Sachen) in deiner Hosentasche, in deiner Jackentasche?

| **D** | **Name:** _____ | **Klasse:** _____ | **Datum:** _____ | **Nr.** _____ |

4. Kreuze nur die Wörter an, die **deiner** Meinung nach **wichtig** (wertvoll) sein könnten.

O Taschenmesser   O Luftballon   O Trillerpfeife   O Kaubonbon

O Abziehbildchen   O Sheriffstern   O Kuchenkrümel   O Pflaumenkern

O Bleistiftstummel   O Kupferdraht   O Kronenkorken   O Zinnsoldat

5. Begründe, warum ein **Messer** und eine **Zündholzdose** eigentlich nichts in einer Hosentasche zu suchen haben.

6. Warum wäre ein sauberes **Taschentuch** wichtig in Peters Hosentasche?

7. Versuche, mit den Namen von Taschengegenständen ein ähnliches **Gedicht** zu schreiben. Die **Stichpunktsammlung** soll dir Anregungen geben, um selber Reimpaare zu finden. Zeichne Bilder dazu.

> Hosenknopf, Spielzeugmaus, Bleistiftspitzer, Apfelkern, Ring, Schneckenhaus, Silberstern, Radiergummi, Bonbon, Niespulver, Hosengummi, Puppenzopf, Vogelfeder, Kieselstein, Putzleder, Münze, Notizzettel, Halskette, Kastanie, Lose, Kinderfoto, ...

Kinderkram

ja, sogar

Nur

| D | Name: _____ | Klasse: _____ | Datum: _____ | Nr. _____ |

Knecht Ruprecht

Theodor Storm

1 vondrauß' vomwal dekomm ichher;
2 ichmuss euchsa gen, esweih nachtetsehr!
3 allüber allauf denta nnenspitzen
4 sahich goldenelicht lein sitzen;
5 unddro benaus demhim melstor
6 sahmit großenau gendas christ kindhervor;
7 undwie ichso strolcht'
8 durchden finst erntann,
9 darief's michmit hellerstim me an:
10 „knechtrup recht", riefes, „alterge sell,
11 hebedie beineund sputedich schnell!
12 hastdenn dassäck leinauch beidir?"
13 ichsprach: „dassäcklein, dasist hier."

> Das Säcklein, das ist hier!

1. Kannst du obige Zeilen enträtseln? Es ist ein bekanntes Weihnachtsgedicht.
Lies: Von drauß' vom Walde ...

2. Lies das Gedicht - Zeile für Zeile - langsam durch. Unterstreiche die **Hauptwörter grün** und schreibe sie mit Begleiter heraus.

der Wald,

_____

3. Suche im Gedicht einige **Tunwörter**. Unterstreiche sie **rot** und schreibe sie in der Grundform heraus.

kommen,

_____

4. Male das Bild von Knecht Ruprecht farbig aus.

5. Schreibe das Gedicht in der **richtigen** Schreibweise auf deinen Block.
Lerne es anschließend auswendig!

1 Von drauß' vom Walde komm ich her;
2 ich muss euch sagen, es weihnachtet sehr!
3 allüberall auf den ...

> Richtig geschrieben?

D Name: _____ Klasse: _____ Datum: _____ Nr. ____

Es war einmal ein Kind

Es war einmal ein Kind,
das stand zu lang im Wind.

Der Wind war ihm zu kalt,
da ging es in den _____.

Der Wald war ihm zu leise,
da macht' es eine _____.

Auf der Reise traf es eine _____,
da hörte man nur muh und muh.

Die Muh war gar nicht nett,
da ging es heim ins _____.

Im Bett, o Schreck, lag eine Maus,
die lief schnell aus dem _____.

1. Ergänze im Gedicht die fehlenden Wörter und Bilder.

2. Das Gedicht darfst du weiterführen. Zeichne passende Bilder dazu.

Im Haus

| **D** | **Name:** _____ | **Klasse:** ____ | **Datum:** _____ | **Nr.** ____ |

Die Feder
Joachim Ringelnatz

1 Ein Federchen flog über Land;
2 ein Nilpferd schlummerte im Sand.

3 Die Feder sprach: „Ich will es wecken";
4 sie liebte, andere zu necken.

5 Aufs Nilpferd setzte sich die Feder
6 und streichelte sein dickes Leder.

7 Das Nilpferd öffnete den Rachen
8 und musste ungeheuer lachen.

1. Betrachte das Bild. Erzähle die **Geschichte** vom Federchen und dem Nilpferd mit deinen eigenen Worten. Die Sätze müssen sich deshalb nicht reimen. Schmücke den Inhalt aus und lasse die Feder und das Nilpferd sprechen.
Eines Tages flog eine Feder ...

2. Das Gedicht hat Reime. Findest du die fehlenden Reimwörter? Lies diese vor.

• Land - __ __ __ __   • wecken - __ __ __ __ __ __   • Feder - __ __ __ __ __

• Rachen - __ __ __ __ __ __

3. Schaue im Gedicht genau nach. Setze in den **Lückentext** die folgenden Wörter richtig ein:

zwei - gleich - Reim - vier - Reimwörter

• Das Gedicht besteht aus _____ kleinen Abschnitten.

• Jeder Abschnitt setzt sich aus _____ Zeilen zusammen.

• Am Ende von jeweils zwei Zeilen stehen Wörter, die fast _____ klingen. Es sind _____.

• Je zwei Zeilen bilden einen _____.

4. Warum will das leichte Federchen eigentlich das schwere Nilpferd wecken?

Ich will es wecken!

5. Wie gelingt es Federchen, das Nilpferd (Flusspferd) zu necken? Hat dieses doch ein dickes Fell!

6. Kreuze an, warum das Nilpferd so ungeheuer lachen musste.

a O Es verlachte nur das leichte Federchen: „Ha, ha, ha!"

b O Es musste so laut lachen, weil es vom Federchen gekitzelt worden war.

c O Ein Flusspferd lacht immer, wenn es aufgeweckt wird.

D | Name: _____ | Klasse: _____ | Datum: _____ | Nr. _____

7. Besprecht euch in der Gruppe, warum der Dichter Ringelnatz dieses Gedicht für euch aufgeschrieben hat.

Überlegt: Das Federchen neckt. Das Nilpferd lacht. Warum? Versteht es Spaß?
Es hätte ja auch zuschnappen können.

8. Schreibe anhand des Bildes eine **Fantasiereise** auf.

Denke dir eine lustige Geschichte aus, wie Federchen übers Land flog, durch eine Dorfstraße schwebte. Was erlebte es da alles? Wen neckte es? Welche Überraschungen gab es?
Wie endete die Geschichte?

Du kannst auch die Stichpunkte aus der **Wörterliste** unten verwenden.

- Wind kam auf: Federchen flog, tanzte, purzelte, schlug Saltos ...
- Wind ließ nach: Federchen schwebte hernieder, duckte sich, schlich ...
- Federchen: weckte, neckte, ärgerte, kitzelte, streichelte, stupste ...

Federchens Luftreise

| **D** | Name: _____ | Klasse: _____ | Datum: _____ | **Nr.** ____ |

Was denkt die Maus am Donnerstag?

Josef Guggenmos

Was denkt die Maus am Donnerstag,
am Donnerstag,
am Donnerstag?

Dasselbe wie an jedem Tag,
an jedem Tag,
an jedem Tag.

Was denkt die Maus an jedem Tag,
am Dienstag, Mittwoch, Donnerstag
und jeden Tag
und jeden Tag?

22 Mo
23 Di
24 Mi
25 Do ???
26 Fr
27 Sa
28 So

O hätte ich ein Wurstebrot
mit ganz viel Wurst
und wenig Brot!
O fände ich zu meinem Glück,
ein riesengroßes Schinkenstück!
Das gäbe Saft,
das gäbe Kraft!
Da wär ich nicht mehr mäuschenklein,
da würd' ich groß wie ein Ochse sein.

Doch wäre ich erst
so groß wie ein Stier,
dann würde ein Held aus mir.
Das wäre herrlich,
das wäre recht -
und der Katze,
der Katze
ginge es schlecht!

1. Lies die ersten drei Strophen in Ruhe durch. Unterstreiche dabei **rot** jeweils die Satzteile: **an jedem Tag / und jeden Tag**.

2. Der Dichter Guggenmos verwendet diese Satzteile gleich sechsmal. Was will er dir durch diese **Wiederholungen** sagen? Kreuze den richtigen Satz an.

a O Die Maus denkt nur am Donnerstag immer dasselbe.

b O Die Maus denkt an jedem Tag immer nur dasselbe.

3. Woran denkt die Maus an **jedem** Tag? Lies in der vierten Strophe nach.

O hätte ich

O fände ich

4. Nun frisst die Maus normalerweise Samen, Körner, Brot und Käse. Was will sie erreichen, wenn sie ein Wurstbrot mit viel Wurst und ein riesengroßes Schinkenstück bekommen könnte? Kreuze an.

a O Das gäbe Saft, das gäbe viel Kraft!

b O Dann würde die Maus nicht mehr so großen Hunger haben.

c O Dann wäre sie nicht mehr so mäuschenklein, sondern groß wie ein Ochse.

d O Die Maus will nur ihren Appetit auf ein saftiges Schinkenfrühstück stillen.

| **D** | Name: _____ | Klasse: _____ | Datum: _____ | Nr. _____ |

5. Warum die Maus so groß wie ein Ochse sein möchte, hat Ursachen. Betrachte das Bild.
Setze die **Eigenschaftswörter** sinnvoll in die Tabelle ein. Wie ist die Maus, wie die Katze?

> groß - ängstlich - überlegen - furchtsam - klein - feindlich - unterlegen -
> gefährlich - räuberisch - verschüchtert

Maus	Katze
_____	_____
_____	_____
_____	_____
_____	_____

6. Die Maus hat für ihren Wunsch, so groß zu werden wie ein Stier, sicher viele **Gründe**.
Finde sie heraus.

_Maus
so groß wie
ein Stier._

7. Stelle dir vor: Wäre die Maus so groß wie ein Stier, würde sie ein tapferer Held sein. Wie
könnte sie die Katze dann ärgern?

8. Was ist deiner Meinung nach der **Sinn** des **Tiergedichtes**? Kreuze an.

a O Die Kleinen möchten auch manchmal größer sein als Erwachsene.

b O Kleine Menschen müssen sich immer vor großen Menschen fürchten.

c O Als Kleiner darf man schon den Wunsch haben, einmal groß zu sein.

d O _____

D | **Name:** _____ | **Klasse:** _____ | **Datum:** _____ | **Nr.** _____

Sommer-Elfchen

1 Wort:	Heiß!
2 Wörter:	Baden gehen
3 Wörter:	Kühles Eis schlecken
4 Wörter:	Im Teich Wasserball spielen
1 Wort:	Platsch!

1. Im Gedicht kommen insgesamt __ __ __ Wörter vor. Deshalb wird es auch **Elfchen** genannt.

2. Du warst schon oft auf einem Schlittenberg. Schreibe die Satzteile so auf die Leerzeilen, dass daraus ein **Winter-Elfchen** wird.

Aua! - Rodeln - Eins, zwei, drei: - Hang hinab, rumms, schwapp! - Bahn frei

Winter-Elfchen

1

2

3

4

1

3. Erfinde selbst ein **Frühlings-Elfchen** oder ein **Herbst-Elfchen**. Beachte die Anzahl der Wörter in jeder Zeile. Zeichne ein **Bild** dazu.

_____ - Elfchen

1

2

3

4

1

| **D** | **Name:** _____ | **Klasse:** ____ | **Datum:** _____ | **Nr.** ____ |

Die Katze

K	⇨	**K**rallen können eingezogen werden: Schleichjäger.
A	⇨	**A**lle Tiere dieser Art sind Raubtiere.
T	⇨	**T**agsüber werden Pupillen zu schmalen Schlitzen.
Z	⇨	**Z**unge ist feucht und rau, dient zum Putzen.
E	⇨	**E**ine Maus wird gerne nachts gejagt.

1. In diesem Text hat sich ein Wort versteckt. Schreibe es heraus.

— — — — —

Du findest das Lösungswort, indem du alle **Anfangsbuchstaben** der Sätze untereinander, also von oben nach unten liest. Dieses Gedicht nennt man ein **Akrostichon**.

2. Schreibe die folgenden Sätze in der richtigen Reihenfolge auf die Leerzeilen, sodass ein Akrostichon entsteht. Das **Lösungswort** ist ein Tier, das sich vor der Katze fürchtet und im Feld und im Haus lebt.

> **S**einen Schwanz benutzt das Tier als Kletterhilfe.
> **A**ugen sehen schlecht; das Tier hört und riecht gut.
> **M**eistens werfen Weibchen sechsmal drei bis sechs Junge im Jahr.
> **U**nd alle Vorräte im Haus kann es fressen.

3. Schreibe selbst auf deinen Block ein **Akrostichon** zu deinem **Lieblingstier**. Zeichne es. Du kannst dir aber auch ein abgebildetes Tier aussuchen.

D	**Name:** _____	**Klasse:** _____	**Datum:** _____	**Nr.** _____

O unberachenbere Schreibmischane

Josef Guggenmos

O unberachenbere Schreibmischane,
was bist du für ein winderluches Tier?
Du tauschst die Bachstuben günz nach Vergnagen
und schröbst so scheinen Unsinn aufs Papier!
Du tappst die falschen Tisten, luber Bieb!
O sige mar, was kann da ich dafür?

1. Lies das Gedicht **laut** und **betont** vor. Was fällt dir dabei auf?

_____
_____
_____

2. Einige Wörter im Text hat der Dichter in **Geheimschrift** verfasst. Versuche einmal, die **Überschrift** zum Gedicht richtig aufzuschreiben.

_____
_____
_____

Der Verfasser Guggenmos hat einige Buchstaben in Wörtern absichtlich vertauscht. Du lernst jetzt, wie man die Geheimschrift **entschlüsselt**. Buchstaben werden innerhalb eines Wortes oder über Wörter hinweg getauscht. Achte auf die Pfeile!

B a c h s t u b e n   =   B u c h s t a b e n

Selbstlaute tauschen!

Du tappst die Tisten.   =   Du tippst die Tasten.

3. Du darfst jetzt zusammen mit deinem Nachbarn **Sprachdetektiv** spielen.
Schreibe auf deinem Block das Gedicht in der richtigen Schreibweise auf.
Achte auf **unterstrichene** Selbstlaute.

4. Was meinst du? Ist die Schreibmaschine unberechenbar?

O ja   O nein

5. Schreibe mit deinen eigenen Worten auf, was der Bub der Schreibmaschine vorwirft.

Was bist du ...?

_____
_____

_____
_____

_____
_____

_____
_____

D | Name: _____ | Klasse: _____ | Datum: _____ | Nr. ____

6. Schreibe mit deinen eigenen Worten auf, was die Schreibmaschine dem Jungen geantwortet hat.

Du tappst ...!

7. Wer ist deiner Meinung nach schuld daran, dass im Text so viele Fehler vorkommen? Der
Junge, die Schreibmaschine oder gar der Dichter?

8. Schreibe den folgenden Text in **Geheimschrift** auf deinen Block. Vertausche dabei - wie
der Dichter Guggenmos - einige Buchstaben.

Oje!

O du alte Klappermaschine, wie kannst du
mich nur so ärgern? Ständig bleiben die Tasten
hängen und die Buchstaben kann man kaum
noch lesen. Jetzt kaufe ich mir einen Compu-
ter. Dann habe ich meine Ruhe.

9. Kannst du selbst Sätze mit Verwechslungen erfinden? Du darfst dir auch eine kleine Geschichte in Geheimschrift ausdenken. Vertausche möglichst die **Selbstlaute** a, e, i, o, u!

a   e   i   o   u   ä   ö   ü   ai   ei   ie   a   e   i   o   u   ä   ö   ü   ai   ei

a   e   i   o   u   ä   ö   ü   ai   ei   ie   a   e   i   o   u   ä   ö   ü   ai   ei

D	**Name:** _____	**Klasse:** ____	**Datum:** _____	**Nr.** ____

Drachen Mirolux

Spannung steigt.

Oha!
Abgemäht.
Stoppelfelder.
Der Herbstwind bläst.
Kinder lassen Drachen steigen.
Erwins Drachen Mirolux fliegt am höchsten.
Vom Wind hochgehoben, zu den Wolken dort oben.
Hui, ein Windstoß! Der Drachen taumelt.
O Schreck! Mirolux stürzt ab!
Er fängt sich wieder.
Welch ein Glück!
Wieder rauf.
So toll
drauf!

Spannung fällt.

1. Welchen Namen haben
abgemähte Getreidefelder?

2. Wie heißt Erwins Drachen?

O Mikrolux   O Marufix   O Mirolux

3. Warum ist Erwins Drachen abgestürzt?

4. Ergänze den **Höhepunkt** der Geschichte.

O Schreck!

5. Denke dir eine lustige oder spannende **Drachengeschichte** aus und schreibe sie auf deinen Block.
Du kannst aber auch mit deinen eigenen Worten
die Drachengeschichte von Erwin aufschreiben.

Erwins Glück beim Drachensteigen

von _____ _____

| **D** | **Name:** _____ | **Klasse:** _____ | **Datum:** _____ | **Nr.** ____ |

6. Erfinde selbst ein **Drachengedicht**. Die Sätze werden zunächst immer länger, dann wieder kürzer und müssen sich auch nicht reimen.
Du kannst auch die Wörter aus der **Wörterliste** verwenden.

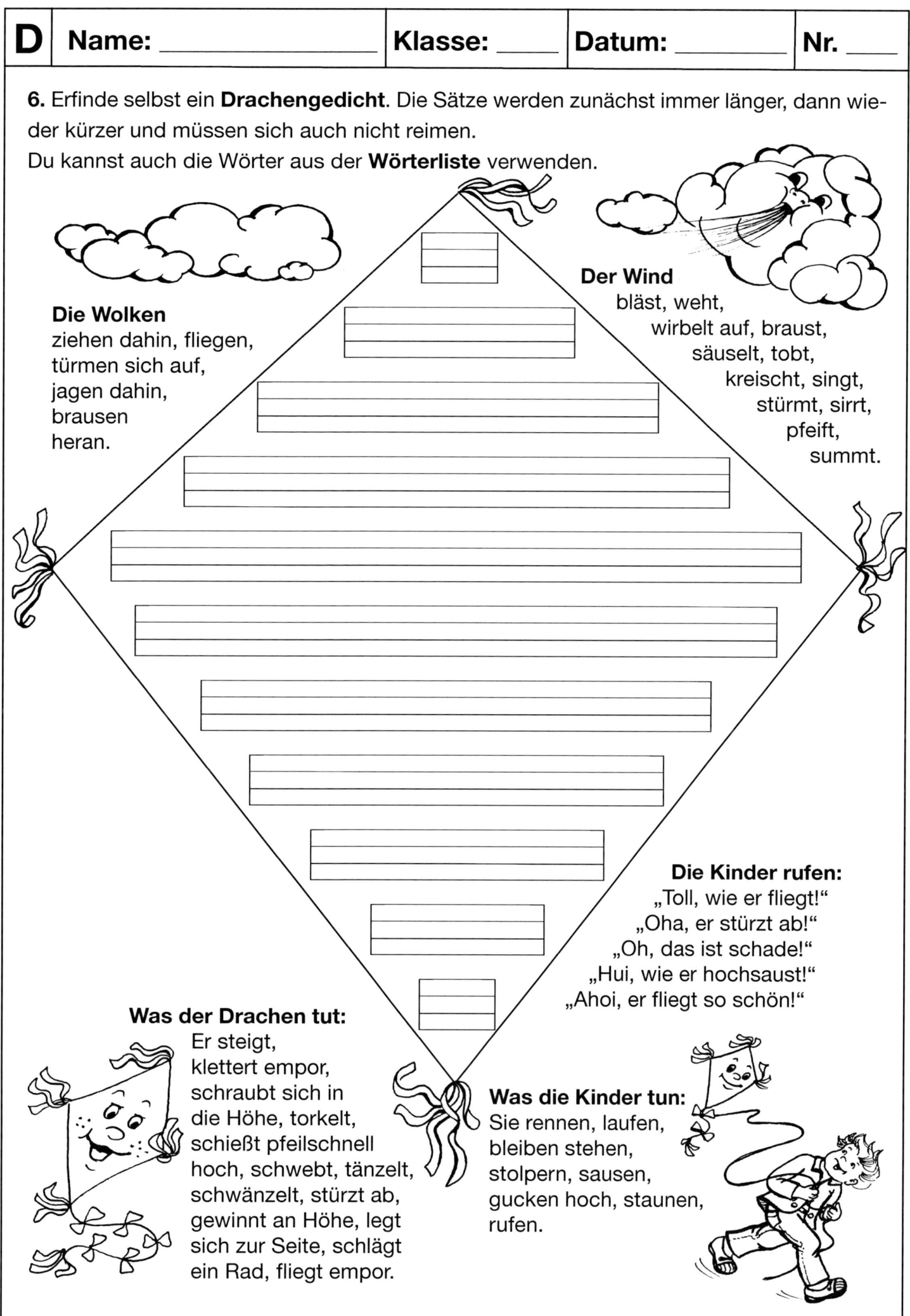

Die Wolken
ziehen dahin, fliegen,
türmen sich auf,
jagen dahin,
brausen
heran.

Der Wind
bläst, weht,
wirbelt auf, braust,
säuselt, tobt,
kreischt, singt,
stürmt, sirrt,
pfeift,
summt.

Die Kinder rufen:
„Toll, wie er fliegt!"
„Oha, er stürzt ab!"
„Oh, das ist schade!"
„Hui, wie er hochsaust!"
„Ahoi, er fliegt so schön!"

Was der Drachen tut:
Er steigt,
klettert empor,
schraubt sich in
die Höhe, torkelt,
schießt pfeilschnell
hoch, schwebt, tänzelt,
schwänzelt, stürzt ab,
gewinnt an Höhe, legt
sich zur Seite, schlägt
ein Rad, fliegt empor.

Was die Kinder tun:
Sie rennen, laufen,
bleiben stehen,
stolpern, sausen,
gucken hoch, staunen,
rufen.

| D | Name: _____ | Klasse: ____ | Datum: _____ | Nr. ____ |

Gemüseball

Werner Halle

Gestern Abend auf dem Ball
tanzte Herr von Zwiebel
mit der Frau von Petersil.
Ach, das war nicht übel.

Die Prinzessin Sellerie
tanzte fein und schicklich
mit dem Prinzen Rosenkohl.
Ach, was war sie glücklich!

Der Baron von Kopfsalat
tanzte leicht und herzlich
mit der Frau von Sauerkraut;
doch die blickte schmerzlich.

Ritter Kürbis, groß und schwer,
trat oft auf die Zehen.
Doch die Gräfin Paprika
ließ ihn einfach stehen.

1. Auf dem Gemüseball wird getanzt. Adelige (edle) Menschen haben verschiedene Titel. Finde heraus, wer mit wem getanzt hat. Notiere zum **Titel** die jeweilige **Gemüsesorte**.

Herr von _ _ _ _ _ _ _ tanzte mit Frau von _ _ _ _ _ _ _ _ .

Prinzessin _ _ _ _ _ _ _ _ tanzte mit Prinz _ _ _ _ _ _ _ _ _ .

Baron von _ _ _ _ _ _ _ _ _ tanzte mit Frau von _ _ _ _ _ _ _ _ _ _ .

Ritter _ _ _ _ _ _ tanzte mit Gräfin _ _ _ _ _ _ _ .

Lies die 1. Strophe des Gedichtes genau durch. Herr von Zwiebel und Frau von Petersil tanzten doch gar nicht so übel.

Aber wie sieht es bei den anderen Tanzpaaren aus? (2./3./4. Strophe)

2. Kreuze an, wie **Prinzessin Sellerie** mit Prinz Rosenkohl tanzte.

O grob　　　O fein　　　O schicklich　　　O fühlte sich glücklich　　　O komisch

3. Und wie tanzte **Baron von Kopfsalat** mit der Frau von Sauerkraut?

O schwerfällig　　　O leicht　　　O unfreundlich　　　O herzlich　　　O plump

4. Wieso ließ **Gräfin Paprika** den Ritter Kürbis einfach stehen?

| **D** | Name: _____ | Klasse: _____ | Datum: _____ | Nr. ____ |

5. Ein Gedicht erkennst du oft daran, dass es Reime enthält. Schreibe die fehlenden **Reim-wörter** in Druckschrift heraus.

Zwiebel ⇨ __ __ __ __ ;   schicklich ⇨ __ __ __ __ __ __ __ __ __

herzlich ⇨ __ __ __ __ __ __ __ __ __ __ __ __ ;   Zehen ⇨ __ __ __ __ __ __

6. Im Gedicht kommen acht **Gemüsesorten** vor. Male sie farbig an. Schreibe ihre Namen heraus. Beachte: Sauerkraut macht man aus Weißkohl.

7. Verfasse selbst eine **Strophe** zum Gedicht Gemüseball. Suche dir einfach einen Gemüseherrn und eine Gemüsedame aus, die miteinander tanzen wollen und gib ihnen passende Titel. Notiere, wie sie tanzen und wie sie sich fühlen. Zeichne ein Bild dazu.
Du kannst dir aber auch einen neuen **Namen** für ein **Tanzpaar** aussuchen.

> **Beispiele:**
>
> Herr von Blumenkohl - Frau von Spinat - Graf Salat - Prinzessin von der Erbse
> - Ritter von Rübe - Prinz Bohne - Baron von der Gurke - König Lauch

Gemüseball

| **D** | Name: _____ | Klasse: _____ | Datum: _____ | Nr. _____ |

Das Brot

Marina Thudichum

In der Mülltonne liegt ein Stück Brot
auf Kartoffelschalen und Asche
bei einer zerbrochenen Flasche
und zerknülltem Seidenpapier.
Es ist doch nicht etwa von dir?

Damit dieses Brot konnt' entstehn,
musste Regen die Erde tränken,
die Sonne ihr Leuchten verschenken,
ein Bauer musste sich mühn,
ein Backofen musste erglühn.

Ein Vater hat drum sich geplagt,
eine Mutter nahm's in die Hände.
Was sagte sie, wenn sie's hier fände
zwischen Scherben und altem Papier?
Es ist doch bestimmt nicht von dir?

Brot ist ein heiliges Gut,
das darfst du niemals vergessen.
Du sollst es in Dankbarkeit essen.
Gib acht, dass kein Stücklein dir fällt
und denk an den Hunger der Welt!

Vorbereitende Arbeitsaufträge:

- Lies zunächst das Gedicht mehrmals durch, zuerst leise, dann laut. **Betone** wichtige Wörter.
- Unterstreiche in der 1. Strophe alle **Namenwörter braun**, die dir sagen, wo und zwischen welchem Abfall das Brot liegt.
- In der 2. Strophe sollst du alle **Tunwörter grün** unterstreichen.
- Unterstreiche in der 3. Strophe **blau**, was Vater für das Brot und Mutter mit dem Brot getan haben.
- Und in der letzten Strophe sollst du die **drei Sätze rot** unterstreichen, die dir sagen, was du niemals vergessen darfst.
- Zwei Sätze im Gedicht sind **fast** gleich. Notiere sie.

Richtig unterstrichen?

D | **Name:** _____ | **Klasse:** _____ | **Datum:** _____ | **Nr.** ____

Leseprobe: Das Brot

1. Kreuze an, welcher Abfall in der Mülltonne liegt.

O Plastiktüte   O Asche   O Flasche   O Zitronenschalen   O Büchse

O Seidenpapier   O Tasche   O Kartoffelschalen   O Zeitungspapier   ___/4

2. Damit du ein Stück Brot essen kannst, muss viel geschehen:

Der Regen

Die Sonne

Ein Bauer

Ein Backofen   ___/4

3. Bis ein Laib Brot entsteht, muss viel getan werden.

Nummeriere die Stichpunkte in der richtigen Reihenfolge.

☐ Getreidehalme mähen   ☑ Samen säen   ☐ Mehl mahlen

☐ Ähren dreschen   ☐ Brot im Ofen backen ☐ Teig kneten   ___/5

4. Was würde die **Mutter** sagen, wenn sie das Brot im Müll fände?

  ___/2

5. Brot ist ein **heiliges Gut**. Kreuze an, was du niemals vergessen darfst,

was du dir merken sollst.

O in Dankbarkeit Brot essen   O Brotreste in die Mülltonne geben

O kein Stück Brot fallen lassen   O Pausebrot wegwerfen

O an den Hunger der Welt denken   O Brot teilen lernen   ___/4

6. Die Autorin des Gedichts stellt dir eine Frage:

Das Brot ist doch nicht etwa von dir?

Stelle dir vor: Du hättest tatsächlich ein Brot weggeworfen. Was würdest du

der Autorin jetzt antworten?

  ___/3

Bemerkung: Punkte: ___/22

Note:

| **D** | **Name:** _____ | **Klasse:** ____ | **Datum:** _____ | **Nr.** ____ |

Lissi feiert Geburtstag im Zoo

Heute ist ein warmer Sommertag. Die ☀ lacht vom Himmel. Lissi

wünscht sich, ihren 🕯🕯🕯🕯🕯🕯🕯. Geburtstag im 🐭ZOO zu feiern. Am

Nachmittag um ⏰ brechen deshalb Vater, Mutter, Lissi und Peter auf und fahren mit

dem 🚌 zum Zoo. Mutter hat im 🧺 eingepackt: drei 🍊🍊🍊,

vier 🍌🍌🍌🍌, fünf 🍎🍎🍎 und die 🎂 für Lissi. Beim Zoo ange-

kommen, betreten alle vier zunächst den Kuschel 🐭ZOO. Lissi freut sich riesig:

„Ui, da hoppelt ein putziges 🐰 daher!" 👦 und 👧 streicheln das

zutrauliche 🐰 hinter den 🌿. In der Hütte blökt ein 🐑 und

eine 🐐 meckert. Da kommt auch schon ein 🐑 dahergesprungen.

Plötzlich ruft 👦: „Schau, ein 🦚!" Er plustert sich auf und schlägt ein

⚙. 👧 darf auf einem 🐴 reiten und bestaunt die 🦆

🦆🦆 im 🌾. Danach schlendern alle weiter und laufen über die

🌉 eines 🏞. Auf dem Picknickplatz setzen sie sich auf eine

🪑. Dort machen sie Brotzeit und verspeisen Lissis 🎂.

Vor ihnen liegt eine blühende 🌷. Ein 🐦 singt, die 🐝🐝

summen und ein gelber 🦋 fliegt von 🌼 zu 🌼. Ein 🐅

liegt auf einem Felsen, ein 🐻 springt ins kalte 💧 und ein brauner

🐻 brummt Furcht erregend hinter einem 🌳. 🐘 baby Bimbo

spritzt mit seinem 🐛 Lissi mit Wasser an. Oje! Trotzdem hat sich Lissi gefreut,

Geburtstag im 🐭ZOO feiern zu können.

| **D** | Name: _____ | Klasse: _____ | Datum: _____ | Nr. ____ |

1. Lies die Zoogeschichte langsam - Wort für Wort - durch. Wenn du zu einem Tierbild kommst, liest du den dazu passenden Satz laut vor.
Trage dann den **Namen** des **Tieres** ein. Male es farbig an.

	Lamm		

2. Lautiere alle **Tiernamen** vorwärts und rückwärts und präge dir jedes Wortbild gut ein, damit du flüssig lesen und richtig schreiben lernst.
Beispiel: L - La - Lam - Lamm; Lamm - Lam - La - L

3. Schreibe dein **Erlebnis** mit Tieren im Zoo auf.

Meine Zoogeschichte

| **D** | **Name:** _____ | **Klasse:** _____ | **Datum:** _____ | **Nr.** _____ |

Rotfuchs liest gern Bücher

Rotfuchs liest ein spannendes Buch. Im Gebüsch lauert der Jäger. Der Forstmann schleicht sich an und hält dem Fuchs die Flinte ans Ohr. Er befiehlt, dass der Fuchs seine Hände hochheben soll. Dieser gehorcht und hält so das Buch vor die Augen des Försters, der interessiert zu lesen beginnt. Die Geschichte ist so spannend, dass der Jäger die Flinte fallen lässt und das Buch selbst in die Hände nimmt, um weiterzulesen. Lachend entflieht der Rotfuchs und denkt sich, dass er den Jäger überlistet hat.

Du wirst jetzt lernen, wie du diese **Kurzgeschichte**, diesen Erzählkern **ausführlich** und **lebendig** gestalten kannst.

1. Male zunächst im Bild oben den Fuchs rot und den Jäger grün an.

2. Beachte die folgenden **Gestaltungshinweise**:

- Der **Jäger** beobachtet, entdeckt, bemerkt, sieht den Fuchs.
  Er ruft, schreit, brüllt, sagt, flüstert: „Hände hoch!"

- Der **Rotfuchs** liest angestrengt, schmökert interessiert, ist vertieft, ist versunken im Buch. Er achtet nicht auf seine Umgebung, bemerkt den heranpirschenden Jäger nicht, ist unvorsichtig, erkennt die Gefahr nicht.

- Welche **Geschichte** der Jäger im Buch lesen könnte:
  Die hundert Künste und tausend Listen eines Fuchses - Wie Füchse dem Jäger entkommen können - Eine wilde Treibjagd gegen Füchse - Anleitung: Wie man sich an Füchse richtig anschleicht.

- Verwende die **wörtliche Rede**.
  „Hände hoch, mach keine Zicken!", zischte der Jäger plötzlich.
  Der Fuchs denkt: „Hoffentlich liest der Jäger auch die Geschichte."
  „Hihihi! Hab dich reingelegt, du dummer Jäger!", flüstert der Fuchs.

3. Schreibe selbst eine ausführliche, spannende und lebendige **Bildergeschichte**.

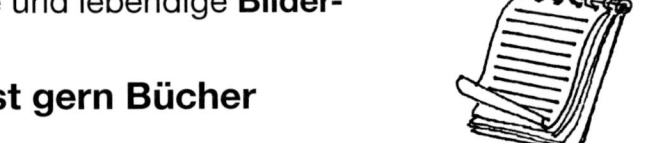

Rotfuchs Rossi liest gern Bücher

von _____ _____

D | **Name:** _____ | **Klasse:** ____ | **Datum:** _____ | **Nr.** ___

Kennst du mich?

Wer sagt mir einen Vogel an,
der seinen Namen rufen kann?

Rufe weithin hörbar über die Flur,
mein allseits bekanntes „Ku-ku".

Soviel steht auch schon fest:
Lege mein Ei in ein fremdes Nest.

Habe wie ein Sperber ein Gesicht,
doch ein Raubtier bin ich nicht.

1. Wie heiße ich? __ __ __ __ __ __

Lerne jetzt, wie du ein **Tierrätsel** schreiben kannst. Schreibe in Stichpunkten alles auf, was du über das gesuchte Tier weißt. Beispiel: Der Igel

Lies die Tierbeschreibung zum **Igel** in Ruhe durch.

• Wie sieht das Tier aus?

klein - plumper Körper - Länge: 30 cm - vier kurze Beine - kurzer Schwanz - spitze Nase, Rüsselschnauze - kleine Augen - runde Ohren - Haare des Fells: Stacheln - Farbe: graubraun

• Was kann das Tier besonders gut?

bei Gefahr: rollt sich zusammen - bildet eine Kugel aus Stacheln - Schutz vor dem Feind: Fuchs - Tausende von Stacheln

• Was frisst das Tier am liebsten?

Insekten - Raupen - Würmer - Käfer - aber auch junge Mäuse

• Wie lebt das Tier in der Natur?

wohnt in Hecken und Gehölzen - schläft am Tag - nachts aktiv - im Herbst: frisst Fettpolster an - im Winter: verschläft ihn

2. Verfasse nun ein **Tierrätsel** zum **Igel**.

 Bilde mithilfe obiger Stichpunkte kurze Sätze. Sie müssen sich nicht reimen. Vielleicht gelingt dir aber auch ein **Reim**.

Kennst du mich?

von _____ _____

3. Schreibe für deinen Nachbarn ein **Tierrätsel** über dein **Lieblingstier** auf oder verfasse ein Rätsel zu einem unten abgebildeten Tier.

| **D** | **Name:** _____ | **Klasse:** _____ | **Datum:** _____ | **Nr.** ____ |

Hanno malt sich einen Drachen

Irina Korschunow

Beeil dich, Hanno!

Hanno ist allein

„Aufstehen, Hanno", sagt die Mutter. Langsam, ganz langsam kriecht Hanno aus dem Bett. Langsam, ganz langsam geht er ins Bad. Er putzt sich die Zähne und wäscht sich. Dann spielt er Schiffchen mit der Seifenblase. „Beeil dich, Hanno!", ruft die Mutter. „Du willst doch pünktlich in der Schule sein."

Pünktlich? Nein. Im Gegenteil. Am liebsten möchte Hanno überhaupt nicht mehr hingehen. Weil er so dick ist und die anderen ihn auslachen.

Dabei hat er sich so gefreut, als er im Herbst mit dem neuen Ranzen zur Schule gekommen ist. Doch der Ludwig Hall, der hinter ihm sitzt, hat gleich am ersten Tag „Bratwurstfriedhof" zu ihm gesagt. Und „Fußballbauch". Seitdem hat Hanno Angst vor der Schule. Er möchte zu Hause bleiben. Aber er darf nicht.

„Viel Spaß, Hanno", sagt die Mutter. Sie bringt ihn zur Tür und winkt. Langsam, ganz langsam macht Hanno sich auf den Weg. Er geht über die Straße und durch den Park, er geht über den Schulhof und in seine Klasse.

„Der Bratwurstfriedhof ist da!", ruft Ludwig Hall. Ein paar Kinder lachen und der Ludwig kommt und schubst Hanno gegen die Bank. Hanno möchte ihn auch schubsen. Oder ihm einen Tritt geben. Doch er traut sich nicht. Er denkt, dass der Ludwig stärker ist und viele Freunde hat, die ihm helfen. Hanno hat keinen

Freund. Er sitzt auf seinem Platz und ärgert sich und ist traurig. Er kann nicht aufpassen, so traurig ist er. (...)

Mit dem Rechnen geht es ihm nicht besser und in der Zeichenstunde mag er gar nicht erst anfangen, ein Bild zu malen. Ich kann es doch nicht, denkt er.

Am schlimmsten aber wird es beim Turnen. Alle anderen Kinder sind schneller als er und den Ball bekommt er nie.

„Der Bratwurstfriedhof ist viel zu fett. Der kann nicht mal ein Bein hochheben", sagt Ludwig Hall. Wirklich, Hanno hat es satt. Er ist so allein. Er mag nicht mehr zur Schule gehen.

| D | Name: _____ | Klasse: _____ | Datum: _____ | Nr. ____ |

Beeil dich, Hanno!

1. Schreibe auf, warum die Mutter sagt, dass sich Hanno beeilen soll.

2. Hanno möchte nicht pünktlich sein. Es gibt zwei **Gründe**, warum er überhaupt nicht in die Schule gehen will.

3. Schon vorher wurde Hanno von Ludwig verspottet. Wie heißen die beiden Schimpfworte?

4. Hanno hat in der Schule keinen Freund. Kreuze nur die Wörter an, die auf Hanno zutreffen, wie Hanno sich fühlt.

O traurig   O dick   O fröhlich   O alleine   O glücklich   O verärgert

5. In welchen Fächern hat Hanno Schwierigkeiten in der Schule?

• _____ • _____ • _____ • _____

6. Schreibt in der Gruppe auf, wie man Hanno in der Schule helfen könnte, damit er nicht mehr so traurig, so allein sein muss.

Hanno im Tor

| **D** | **Name:** _____ | **Klasse:** _____ | **Datum:** _____ | **Nr.** ____ |

Hanno hat sich sehr auf die Schule gefreut, aber dann hänseln ihn alle, weil er zu dick ist. Das bedrückt ihn so, dass ihm nichts mehr gelingen will. Auf dem Heimweg von der Schule geschieht etwas Merkwürdiges.

Der kleine Drache kommt

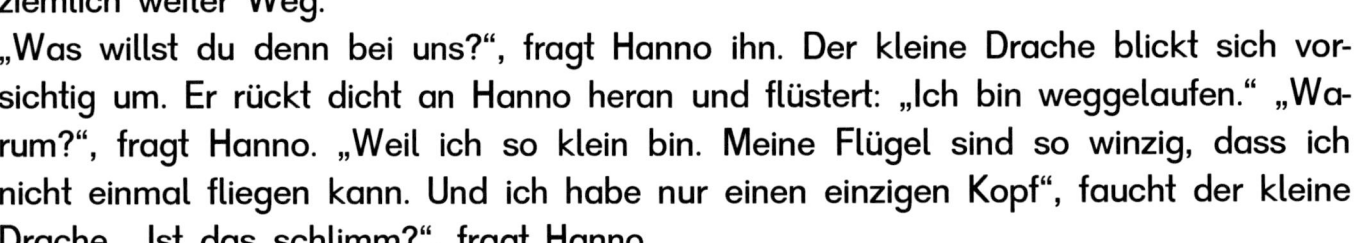

Traurig trottet Hanno durch den Park nach Hause. Bei der großen Buche steht eine Bank. Hanno setzt sich hin. Er merkt nicht einmal, wie kalt es ist. Mit einem trockenen Zweig malt er Striche und Kringel und einen Kreis in den Sand.

Da sieht er etwas! Er sieht, wie aus dem Kreis ein Kopf wird. Kein gemalter! Ein richtiger, lebendiger Kopf guckt aus der Erde heraus. Ein Kopf mit einer roten Zunge und einer Nase. Und aus der Nase ringelt sich dunkler Rauch.

„Guten Tag", sagt der kleine schwarze Kopf zu Hanno. „Was bist du denn für ein komisches Ding? So einen komischen Drachen wie dich habe ich noch nie gesehen."

„Drache?", fragt Hanno. „Ich? Ich bin doch ein Mensch!"

„Und ich bin ein Drache", faucht das kleine schwarze Ding. „Ich komme von dort unten her, aus dem Drachenland. Ein ziemlich weiter Weg."

„Was willst du denn bei uns?", fragt Hanno ihn. Der kleine Drache blickt sich vorsichtig um. Er rückt dicht an Hanno heran und flüstert: „Ich bin weggelaufen." „Warum?", fragt Hanno. „Weil ich so klein bin. Meine Flügel sind so winzig, dass ich nicht einmal fliegen kann. Und ich habe nur einen einzigen Kopf", faucht der kleine Drache. „Ist das schlimm?", fragt Hanno.

„Für einen Drachen schon. Alle anderen haben nämlich drei Köpfe. In der Schule haben sie mich deswegen immer geärgert. Da bin ich ausgerückt. In unserer Drachenschule lernt man, wie man Feuer bläst. Mit einem Kopf rotes, mit dem anderen gelbes und mit dem dritten blaues Feuer." „Bei dir kommt aber bloß Rauch heraus",

sagt Hanno. „Ich bin ja auch gerade erst zur Schule gekommen", sagt der kleine Drache. „Und außerdem habe ich nur einen einzigen Kopf. Was lernt ihr denn in eurer Schule?"

„Lesen und schreiben und rechnen und malen und Lieder singen", sagt Hanno. „Das finde ich spannend!", faucht der kleine Drache. „Nimmst du mich mit in eure Menschenschule?" „Jetzt müssen wir erst mal nach Hause gehen", sagt Hanno. Er öffnet den Ranzen und der kleine Drache springt hinein.

Irina Korschunow: Hanno malt sich einen Drachen. © 1978 Deutscher Taschenbuch Verlag, München

| **D** | **Name:** _____ | **Klasse:** ___ | **Datum:** _____ | **Nr.** ___ |

7. Setze die folgenden in der Grundform stehenden Tunwörter richtig in den **Lückentext** ein.

malen - bleiben - (sich) setzen - (sich) formen

Auf dem Heimweg von der Schule __ __ __ __ __ Hanno sich auf eine Bank und __ __ __ __

mit einem Stöckchen im Sand. Da __ __ __ __ __ sich ein kleiner Drache und wird lebendig.

Er will bei Hanno __ __ __ __ __ __ __ .

8. Kreuze an, warum der Drache aus dem Drachenland weggelaufen ist. Er ist weggelaufen,

  O weil er so klein ist.   O weil er so gut fliegen kann.

  O weil er nur zwei Köpfe hat.   O weil er so winzige Flügel hat.

  O weil er ein großer Drache ist.   O weil er nur einen Kopf hat.

9. In der Drachenschule lernen die dreiköpfigen Drachen, wie man Feuer bläst, aber in welchen Farben? Male anschließend den Drachen farbig aus.

Mit einem Kopf _____

_____

_____

10. Dem kleinen Drachen ergeht es ähnlich wie Hanno. Dieser will nicht in die Schule gehen und der kleine Drache flieht aus der Drachenschule. Beide sind Außen_____ und haben Schul_____ .

11. Es gibt viele Gründe, warum Hanno und der kleine Drache zu **Außenseitern** wurden und **Schulangst** bekamen. Trage in das Schaubild die Wörter richtig ein:

dick - klein - alleine - winzige Flügel - verlacht - ohne Freund - nur ein Kopf - sportlich ungeschickt - speit nur Rauch - kann nicht fliegen

Hanno

Drache

Hanno malt sich einen Drachen

dick, _____	**Außen-seiter**	klein, _____
_____	⇩	_____
_____	**Schul-angst**	_____

Wirklichkeit   **Fantasie**

| **D** | **Name:** _____ | **Klasse:** _____ | **Datum:** _____ | **Nr.** ____ |

Ein außergewöhnliches Ei
Leo Lionni

Du unternimmst jetzt in Gedanken eine Fantasiereise. Lies die Sätze entspannt durch. Stelle dir den Inhalt eines jeden Satzes bildhaft vor:

Du sitzt in Badekleidung am Ufer eines Sees und blickst verträumt über das Wasser hin zu einer nahe gelegenen Insel. Die Sonne brennt heiß vom Himmel. Du willst dich etwas abkühlen, springst in das Wasser, tauchst hinunter und schwimmst an seltsamen Fischen und grün schimmernden Pflanzen vorbei. Zweimal musst du auftauchen, um nach Luft zu schnappen. Als du beim dritten Mal auftauchst, bist du am Ufer der kleinen Insel angelangt. Am Strand liegen viele Kieselsteine, die im Licht der Sonne glitzern. Um einen großen weißen Kieselstein sitzen drei Frösche, die dich mit großen Augen anschauen.

Auf der Kieselsteininsel

1   Auf einer Kieselsteininsel lebten drei Frösche: Marilyn, August und einer, der
2   immer irgendwo anders war. Dieser Frosch hieß Jessica. Jessica konnte über
3   alles staunen und sammelte wunderschöne Kieselsteine. Eines Tages fand sie
4   einen, der sich von allen anderen unterschied. Er war schneeweiß, rund wie
5   der Vollmond und so groß wie sie selbst. Sie nahm ihn mit nach Hause.
6   „Seht mal, was ich gefunden habe!", rief sie triumphierend. „Einen riesigen
7   Kieselstein!" „Das ist kein Kieselstein!", sagte Marilyn, die über alles und
8   jedes genau Bescheid wusste. „Es ist ein Ei. Ein Hühnerei."

9   Ein paar Tage später hörten
10   die Frösche ein seltsames
11   Geräusch, das aus dem Ei
12   kam. Erstaunt sahen sie zu,
13   wie das Ei zerbrach und ein
14   langes, schuppiges Geschöpf
15   herauskroch, das auf vier
16   Beinen lief. „Seht ihr!", rief
17   Marilyn. „Ich hatte Recht! Es
18   ist ein Huhn!" „Ein Huhn!",

19   riefen alle. Das Huhn holte
20   ganz tief Luft, grunzte und
21   sagte dann mit leiser, krächzender Stimme: „Wo ist das Wasser?" „Immer
22   geradeaus!", riefen die Frösche aufgeregt. Das Huhn warf sich ins Wasser
23   und die Frösche sprangen ihm nach. Zu ihrer Überraschung war das Huhn
24   ein guter Schwimmer, und schnell dazu, und es zeigte ihnen einen neuen
25   Schwimm- und Paddelstil. Sie verbrachten zusammen eine wundervolle Zeit.
26   So ging es viele Tage.

D | Name: _____ | Klasse: _____ | Datum: _____ | Nr. _____

1. Auf einer Insel lebten drei Frösche. Kreuze ihre Namen an.

O Marlies   O Augusta   O Jessica   O Jenny   O August   O Marilyn

2. Eines Tages fand Jessica einen Stein, der sich von allen anderen unterschied. Beschreibe ihn.

Ein Kieselstein!

Er war _____

_____

_____

Jessica

3. Als Marilyn den Stein sah, behauptete sie:

    O Das ist wirklich ein Kieselstein.   O Das ist ein Ei, ein Hühnerei.

4. Ein paar Tage später schlüpfte aus dem Ei ein seltsames Geschöpf. Alle Frösche glaubten schließlich, dass dies ein Huhn sei. Aber kann dies stimmen?
Lies den letzten Abschnitt (Zeilen 9 bis 26) gründlich durch. Beschreibe das ausgeschlüpfte Tier und zeichne es dann. Was ist es?

_____

_____

_____

_____

5. Lies den letzten Abschnitt nochmals genau durch, Satz für Satz. Begründe dann, warum deiner Meinung nach das ausgeschlüpfte Geschöpf **kein** Huhn sein kann.

ein Huhn?

_____

_____

_____

_____

D	Name: _____	Klasse: ____	Datum: _____	Nr. ____

27 Dann, eines Tages, als Jessica irgendwo anders war, bemerkten August und

28 Marilyn, wie das Wasser unter ihnen in Unruhe geriet. Irgend jemand war

29 in Schwierigkeiten. Schnell glitt das Huhn in den

30 dunklen See. August und Marilyn bekamen Angst.

31 Nach nur ein paar Augenblicken erschien das

32 Huhn wieder und trug Jessica. „Ich bin okay!",

33 rief sie. „Ich habe mich in den Algen verheddert,

34 aber das Huhn hat mich gerettet."

35 Von diesem Tage an waren Jessica und ihr Retter

36 unzertrennliche Freunde. Wo Jessica auch immer

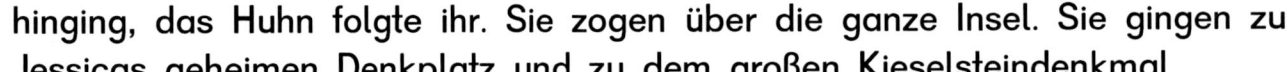

Jessica

37 hinging, das Huhn folgte ihr. Sie zogen über die ganze Insel. Sie gingen zu

38 Jessicas geheimen Denkplatz und zu dem großen Kieselsteindenkmal.

39 Eines Tages gingen sie dahin, wo Jessica noch nie gewesen war. Ein rot-

40 blauer Vogel flog von einem Baum herunter. „Oh, da bist du ja!", rief er, als

41 er das kleine Huhn sah. „Deine Mut-

42 ter hat dich überall gesucht! Komm!

43 Ich bring dich zu ihr." Sie folgten

44 dem Vogel eine sehr lange Zeit. Sie

45 gingen und gingen. Sie gingen un-

46 ter der warmen Sonne und unter

47 dem kühlen Mond und dann stießen

48 sie auf das außergewöhnlichste

49 Geschöpf, das sie jemals gesehen

50 hatten. Es schlief, aber als es hörte, wie das kleine Huhn „Mutter" rief, öff-

51 nete es langsam ein Auge, lächelte ein gewaltiges Lächeln und sagte mit

52 einer Stimme, die so sanft war wie das flüsternde Gras. „Komm zu mir, mein

53 süßer kleiner Alligator." Und das kleine Huhn kletterte glücklich auf die Nase

54 seiner Mutter. „Ich muss gehen", sagte Jessica. „Ich werde dich sehr vermis-

55 sen, kleines Huhn. Besuch uns bald - und bring auch deine Mutter mit."

56 Jessica konnte es nicht erwarten, Marilyn und August zu erzählen, was ge-

57 schehen war. Als sie sich der Landzunge näherte, rief sie: „Ratet mal, was

58 ich entdeckt habe!" Und sie erzählte

59 ihnen das unglaubliche Erlebnis.

60 „Und wisst ihr, was die Mutter des

61 Huhns zu ihrem Kind gesagt hat?",

62 fragte Jessica. „Sie nannte es mein

63 süßer kleiner Alligator." „Alligator!",

64 sagte Marilyn. „Wie kann man nur

65 so etwas Dummes sagen!", und die

66 drei Frösche lachten und lachten.

| **D** | Name: _____ | Klasse: _____ | Datum: _____ | Nr. ____ |

6. Eines Tages geriet das Wasser in Unruhe. Kreuze an, welcher Frosch in Schwierigkeiten kam.   O Jessica   O August   O Marilyn

7. Begründe, warum Jessica und das Huhn unzertrennliche Freunde wurden.

8. Jessica und ihr Huhn zogen über die ganze Insel. Da flog ein rot-blauer Vogel von einem Baum. Schreibe auf, was er sprach:

Oh, da bist du ja!

Mutter!

9. Jessica und ihr Retter folgten dem Vogel und trafen ein außergewöhnliches Geschöpf.

Was sprach die Mutter, als sie das Huhn rufen hörte?

10. Kreuze an, mit welchen Worten Jessica sich vom Huhn verabschiedete.

O Ich werde dich nie mehr sehen.   O Ich vermisse dich sehr.

O Besuch uns bald, aber allein.   O Besuch uns, bring deine Mutter mit.

11. Wieso war der Kieselstein ein **außergewöhnliches Ei**?

12. Warum haben die drei Frösche **nie** erkannt, dass sie den kleinen Alligator mit einem Huhn verwechselt haben? Was meinst du?

Alligator!

Ha, ha, ha!

| **D** | Name: _____ | Klasse: _____ | Datum: _____ | Nr. _____ |

Das Vamperl

Renate Welsh

Hallo, ich bin das Vamperl!

Lies, wie mich Frau Lizzi in ihre Wohnung aufgenommen hat.

„Nein, das gibt's nicht!", sagt Frau Lizzi, als sie einen winzig kleinen Vampir in ihrer Wohnung entdeckt. Nach dem ersten Schrecken beschließt sie, das Vamperl mit der Flasche aufzuziehen - mit Milch versteht sich, nicht etwa mit Blut.

So wächst das kleine Vamperl heran und entwickelt ganz ungewöhnliche Eigenschaften: Wird nämlich ein Mensch zornig und böse, ist das Vamperl gleich zur Stelle. Es versetzt dem Wüterich einen Stich in die Galle und saugt das Gift aus ihr heraus.

8. Kapitel: Radfahren verboten

Samstag war ein herrlicher Tag. Frau Lizzi meinte, es würde Vamperl gut tun, richtig an die frische Luft zu kommen. Nach dem Mittagessen breitete sie ein weiches Handtuch in ihre große Einkaufstasche. Sie setzte den kleinen Vampir auf das Handtuch. Er strampelte und wehrte sich. „Ach so", sagte Frau Lizzi. „Du ärgerst dich, weil du da nichts sehen kannst." Sie hob ihn heraus und schnitt schweren Herzens ein Guckloch in die gute Tasche. Nun war Vamperl zufrieden. (...) Sie kamen zum Spielplatz. In der Sandkiste saßen drei kleine Kinder und bauten eine Sandburg. Frau Lizzi setzte sich auf die Bank und sah ihnen zu. (...) Eine Kinderschar kam auf Fahrrädern angefahren. Sie fuhren im Kreis durch die Anlage. Sie fuhren Rennen. Sie fuhren einen Slalom. Als sie einen Langsamfahrwettbewerb machten, kam der Hausmeister. „Sofort aufhören!", rief er. „Radfahren ist in der Anlage verboten!" „Wo sollen wir denn Rad fahren?", fragte ein Mädchen. Der Hausmeister fuchtelte mit den Armen. „Frech auch noch! Könnt ihr nicht lesen? Was bringen sie euch heutzutage überhaupt noch bei?" Er packte das Mädchen an den Schultern und führte es zu einem großen Schild. „Was steht da? ‚Radfahren

Radfahren verboten!

verboten' steht da. Klar und deutlich. Also los! Wenn ihr nicht sofort verschwindet mit euren Fahrrädern, dann rufe ich die Hausverwaltung an." Ein kleines Kind kippte mit dem

Rad um und begann zu weinen. Frau Lizzi hielt ihre Tasche mit beiden Händen zu. Aber es war schon zu spät. Vamperl war bereits hinausgeflitzt. Es stürzte sich auf den Hausmeisterbauch. Es biss zu. Es fing an zu saugen. Der Hausmeister kratzte sich am Hinterkopf und fragte: „Tja - ...

D | **Name:** _____ | **Klasse:** _____ | **Datum:** _____ | **Nr.** _____

Leseprobe: Das Vamperl

1. Womit hat Frau Lizzi das Vamperl aufgezogen?
O mit Blut   O mit Milch aus der Flasche   O mit Gemüsebrei   ___/1

2. Wie muss ein Mensch sein, damit das Vamperl gleich angeflogen kommt und ihn beißt?
O böse   O freundlich   O lustig   O zornig   O fröhlich   ___/2

3. Schreibe auf, was der Vampir mit einem Wüterich macht.

_____

_____   ___/2

4. Frau Lizzi ging mit Vamperl in der Einkaustasche ...
O ... durch den Park.   O ... durch den Wald.   O ... durch die Siedlung.   ___/2

5. Kinder kamen mit Fahrrädern zum Spielplatz. Sie fuhren ...
O ... im Kreis.   O ... im Zickzack.   O ... einen Slalom.   O ... nicht umher.   ___/2

6. Der Hausmeister kam angerannt. Worüber beschwerte er sich?

_____

_____   ___/2

7. Daraufhin stellte ein Mädchen dem Hausmeister eine Frage.

_____   ___/1

8. Der **böse** Hausmeister hörte nicht zu schimpfen auf.
O Vamperl stürzte sich auf den Hausmeisterbauch. O Vamperl fing zu saugen an.
         O Vamperl biss den Hausmeister in die Unterlippe.   ___/2

9. Vamperl saugte das Gift aus der Galle des Hausmeisters, der daraufhin **friedlich** wurde. Was sagte er vermutlich?

_____   ___/3

_____

Punkte: ___/17

Note:

| **D** | **Name:** _____ | **Klasse:** _____ | **Datum:** _____ | **Nr.** ____ |

Der Hausmeister kratzte sich am Hinterkopf und fragte: „Tja - wo sollen sie denn wirklich Rad fahren?" Die Kinder standen stocksteif. Der Kleine hörte auf zu weinen. „Auf der Straße dürfen sie nicht, weil sie noch zu klein sind", fuhr der Hausmeister fort. „Auf dem Gehsteig fahren sie womöglich Kinder und alte Leute um. Wo sollen sie wirklich hin mit ihren Rädern? In der Küche kann man nicht Radfahren." Er wandte sich mit strenger Miene an die Kinder. „Also gut. Fahrt hier. Aber passt gefälligst auf!" Er packte seinen großen Besen und ging. Die Kinder starrten ihm nach. „Was ist denn auf einmal in den gefahren?", fragte ein Junge. Der Kleine, der vom Rad gefallen war, sagte: „Eine Fledermaus ist in ihn gefahren. Ich habe sie gesehen!"

Vorsichtig Rad fahren!

„Erzähl uns doch keine Märchen, Oliver!", sagte ein Mädchen. „Was du immer zusammenschwindelst!" „Doch", beharrte Oliver. „Eine schöne Fledermaus." Frau Lizzi hielt fest ihre Tasche zu und ging schnell nach Hause. (...)

Zwei Tage später musste Frau Lizzi wieder einmal einkaufen gehen - mit dem Vamperl in der Einkaufstasche. Auf der niedrigen Mauer vor dem Park stellte sie die Tasche ab, um kurz zu verschnaufen.

Im Park standen acht Kinder im Kreis um einen Jungen. Frau Lizzi kannte ihn. Er wohnte bei seiner Großmutter. Er war der schlechteste Schüler der Klasse und ging immer ein wenig gebückt. Unter den anderen Kindern erkannte Frau Lizzi Hannes, Klaus und Karin.

Dumm bist du!

Die Kinder sangen:
„Ri-ra-rum, der Dieter, der ist dumm.
Ru-ro-rümmer, der Dieter ist noch dümmer.
Der Dieter ist der Dümmste hier,
viel dümmer als ein Trampeltier.
Ri-ra-rum, der Dieter, der ist krumm.
Ru-ro-rümmer, der Dieter ist noch krümmer.
Der Dieter ist der Krummste hier,
viel krummer als ein Trampeltier."
Dazu lachten sie.
Frau Lizzi überlegte: „Soll ich etwas sagen?
Oder mache ich es dann nur noch schlimmer für den armen Kerl?" Jetzt fragte Karin: „Was ist er?" Alle riefen im Chor: „Krumm ist er!" Plötzlich quietschte Klaus auf. Aber nur kurz. Karin fragte wieder: „Was ist er?" Bevor die anderen noch antworten konnten, rief Klaus: „Er ist nicht dumm! Dumm sind wir!"

Renate Welsh: Das Vamperl © 1981 Deutscher Taschenbuch Verlag, München

| **D** | **Name:** _____ | **Klasse:** _____ | **Datum:** _____ | **Nr.** ____ |

10. Das Vamperl hatte den Hausmeister gebissen, saugte Gift
aus der Galle. Jetzt wurde er freundlicher und fragte sich:

Wo?

„Tja - wo

11. Der Hausmeister überlegte sich auch, wo die Kinder überall
nicht fahren dürfen. Warum nicht?
Auf der Straße ...? Auf dem Gehsteig ...?

12. Der Hausmeister erlaubte schließlich das Radfahren in der Anlage. Aber er **warnte**
auch die Kinder. Wie?

„Aber

13. Zwei Tage später beobachtete Frau Lizzi - mit Vamperl in der Tasche - acht Kinder im
Park. Kreuze an, welche Kinder sie kannte.
O Vreni   O Hannes   O Hans   O Klaus   O Tim   O Karin   O Uwe   O Dieter

14. Ein Kind, Dieter, stand in der Mitte des Kreises. Wie wurde er von den übrigen Kindern
verspottet? Schreibe einen Spottvers heraus.

15. Plötzlich quietschte Klaus auf und mit der Zeit wurden alle Kinder, die Dieter verspotteten, vom Vamperl gebissen, wurden hilfsbereit. Schreibt in Gruppenarbeit auf, wie die
Kinder Dieter jetzt helfen können. Macht Vorschläge.

Dieter

| **D** | **Name:** _____ | **Klasse:** _____ | **Datum:** _____ | **Nr.** _____ |

Inhaltsverzeichnis: Arbeitsblätter

Nr.	Themen - Überschriften	Datum	Erledigt?
1.			
2.			
3.			
4.			
5.			
6.			
7.			
8.			
9.			
10.			
11.			
12.			
13.			
14.			
15.			
16.			
17.			
18.			
19.			
20.			
21.			
22.			
23.			
24.			
25.			
26.			
27.			
28.			
29.			
30.			
31.			
32.			
33.			
34.			
35.			
36.			
37.			

Alles gesammelt?

Lösungen
Textknacker
2. Schuljahr

Kirki - gestrandet auf einer einsamen Insel

6 | **1. Kirki liegt erschöpft am Sandstrand**

Er denkt: „Oh Gott! Auf dieser einsamen, wilden Insel kann ich doch nicht überleben. Gibt es hier frisches Quellwasser? Hoffentlich wachsen hier Beeren und wilde Früchte. Leben auf der Insel gefährliche Tiere wie Schlangen, Krokodile, Wölfe?" Kirki ist sehr traurig und er könnte heulen vor Angst. Zwar hat er sein Leben gerettet, aber all seine Schiffskameraden sind wahrscheinlich ertrunken ...

Was Kirki in den nächsten Tagen alles tun muss

Kirki beschließt: Ich muss frisches Quellwasser oder Flusswasser finden, damit ich meinen Durst löschen kann. Ich werde in den Urwald gehen und nach Beeren, Früchten und essbaren Wurzeln suchen. Vielleicht finde ich dort auch eine verlassene Höhle, wo ich vor Unwetter geschützt übernachten kann. Oder soll ich die Nacht nicht lieber im Wipfel eines Baumes verbringen, wo ich sicher bin vor wilden Tieren?

7 | **2. Warum alle Sachen aus der Schatztruhe wichtig sind**

Die Waffen und die Munition sind für Kirki überlebenswichtig, um sich gegen wilde Tiere zu verteidigen. Mit Pistolen und einer Flinte kann er sich auch wehren, wenn er von wilden Indianern angegriffen wird, die vielleicht tödliche Giftpfeile abschießen. Den trockenen Samen wird er in der Erde ansäen, mit den Getreidekörnern kann er Getreide anbauen. Scheren, Nadeln und Zwirn sind wichtig, um zerrissene Kleider und Seemannsumhänge zu flicken. Mit einer Säge, einer Axt und mit vielen Nägeln kann er aus Holz ein Floß, eine Leiter und eine kleine Hütte bauen. Und wer weiß? Wenn in ferner Zukunft ein Schiff auf der einsamen Insel landen sollte, dann kann er dem Kapitän Goldstücke und Diamanten geben als Entgeld für seine Rückfahrt von der Insel in sein Heimatland.

8 | **3. Was Kirki in den nächsten Tagen hergerichtet hat**

Hängematte, Leiter, Wasserfass, Zelt, Floß, Wäscheleine, Holzzaun (Palisaden), Holzkiste

4. Kinder malen Inselbild aus, ergänzen es durch Bilder.

9 | **5. Robinson-Geschichte**

Es war Sturm. Eine Riesenwelle trieb das Schiff auf eine Insel zu. Es zerschellte an einem schroffen Felsenriff. Eine Welle erfasste Robinson und schleuderte ihn an den Strand der einsamen Insel. Am nächsten Tag schwamm er zum Schiffswrack und fand dort Werkzeug, Hammer, Säge, Axt und eine Schaufel. In einer Kiste lagen viele Nägel und Seile. Robinson verstaute alles Brauchbare auf einem Floß und fuhr zurück zum Strand. Mit den geretteten Dingen konnte er sich eine Hütte bauen und ringsum errichtete er einen hohen Zaun. Einige Monate lebte er von Früchten, essbaren Wurzeln und Pflanzen. Eines Tages, an einem Freitag, landeten Wilde von einer Nachbarinsel mit fünf Kanus. Robinson holte sein Fernrohr und beobachtete die Eingeborenen, wie sie am Strand mit Treibholz ein Feuer anzündeten und mit wilden Schreien um die flackernden Flammen herumtanzten. Er sah auch, wie sie einen Gefangenen zum Lagerfeuer schleppten. In einem unbeobachteten Augenblick konnte sich dieser aber befreien und lief direkt auf das Versteck von Robinson zu. Drei Wilde verfolgten ihn, schossen Pfeile auf ihn ab, um ihn zu töten. Aber Robinson stellte sich ihnen in den Weg, kämpfte mit ihnen und schlug sie schließlich in die Flucht. Den geretteten Eingeborenen nannte er Freitag, weil er ihn an einem Freitag von seinen Feinden befreit hatte. Von nun an hatte er einen treuen Diener, Freund und Gefährten. Nach einigen unruhigen Tagen verließen die Wilden wieder die Insel. Welch ein Glück! Nach fünf Jahren legte ein Handelsschiff in der Bucht an, um frisches Wasser zu tanken. Fremde Matrosen nahmen Robinson und Freitag mit an Bord und fuhren über die See Richtung Portugal, wo sie schließlich in Lissabon landeten.

Der eigensinnige Freddy

11

1. Sie wollten am Nachmittag zum Pilze- und Beerensammeln gehen.

2. Mutter hatte Angst, dass im Wald Glasscherben herumliegen.

3. Freddy war sauer. Die alten Schuhe drückten ihn fürchterlich.

4. Freddy, barfuß im Wald

Dann warnte Lisa: „Sei vorsichtig, Freddy! Am Waldboden liegen oft verrostete Blechbüchsen und scharfe Glasscherben. Brombeersträucher haben spitze Stacheln. Der Weißdorn hat gefährliche Dornen. Außerdem gibt es im Gestrüpp giftige Schlangen. Ihr Biss kann tödlich sein!" Freddy hörte nicht auf die Warnungen von Lisa und trat barfuß in ein Brennnesselfeld. Aua, wie die Füße brannten!

13

5. b x   d x

6. x übermütig   x eigensinnig   x stur

7. x F   x R   x E   x D   x D   x Y   Lösungswort: FREDDY

8. Lisa lief ins Dorf zurück. Willi blieb bei dem Verletzten. Als Lisa im Dorf ankam, verständigte sie sofort den Notarzt. Anschließend fuhr sie mit dem Notarztwagen bis zum Waldrand und führte den Notarzt und zwei Sanitäter hin zum verletzten Freddy. Dann sahen sie den Verband an Freddys Bein. Die Helfer lobten Lisa und Willi, weil sie sich so umsichtig verhalten hatten. Der Arzt versorgte die Wunde. Willi wurde zum Notarztwagen getragen und ins Krankenhaus gefahren. Dort erhielt er eine Spritze mit einem Schlangenserum.

Jeder kann etwas

14

1. x Kuckuck   x Frosch   x Eichkätzchen   x Maulwurf

2. Ihr könnt euch alle auf meinen Rücken setzen und ich galoppiere mit euch über die Wiese.

15

3. Eichkätzchen: Ich kann klettern.

Wer klettert mit mir um die Wette am Stamm hinauf?

Kuckuck: Ich kann fliegen.

Im August fliege ich nach Afrika und im April wieder zurück.

Frosch: Ich kann schwimmen.

Im Winter setze ich mich unten im Weiher in den Schlamm,

Maulwurf: Ich kann graben.

Der Maulwurf hatte sich unter ihren Füßen durch die Erde gewühlt.

4. Verzage nicht! Auch du kannst etwas.

5. Jedes Kind schreibt auf, was es besonders gut kann.

Melanie und die verflixte Vase

17

1. Im Kinderzimmer spielten: x Manni   x Melanie

2. b x   Mutter ging zur Nachbarin, um etwas Käse zu holen.

3. Manni, du passt auf Melanie auf, dass sie nichts anstellt.

4. La ..., la ..., anni! Es bedeutet: Ja, ja, Manni!

5. x Manni spielte mit seinem roten Rennauto.

6. Auf dem Tisch entdeckte sie eine Tafel Schokolade.

7. Ja. Es war Mutters Lieblingsvase, die zerbrochen war.

8. Manni könnte die Idee haben, Klebstoff zu holen, um die Scherben wieder zusammenzukleben.

19

9. Aus Vaters Werkzeugkiste holte Manni eine Tube Klebstoff für Porzellan, klebte die Scherben zusammen und leimte die Henkel an.

10. Sie fürchteten, dass Mutter die Blumen in die reparierte Vase geben könnte.

11. Der Klebstoff war noch nicht hart geworden. Das Wasser drückte die Vase auseinander.

12. Manni erzählte Mutter die wahre Geschichte. Diese sagte: „Du, Manni, hast zu wenig auf Melanie aufgepasst, bist verantwortlich dafür, dass die Vase zerbrochen ist! Du kaufst mir von deinem Taschengeld eine neue Vase!" Manni sparte so lange sein Taschengeld, bis er Mutter eine wundervolle Porzellanvase kaufen konnte. Da Manni seinen Fehler ehrlich zugegeben hatte, erließ ihm die Mutter einen Teilbetrag der Kosten für die Vase.

Scherben

20 **1.** x Vater   x Karl   x Ernst   x Mutter

2. Karl will die Flasche mutwillig auf die Straße werfen, dass es so richtig knallt.

3. Fährt ein Radfahrer mit seinem Rad über die Scherben, könnten diese Löcher in die Reifen schneiden.

21 **4.** Ernst hat keine große Lust, die Scherben aufzuheben, zumal er die Flasche auch nicht weggeworfen hat.

5. x ja. Die Reifen bleiben heil.

6. Vater ist mit seinem Rad in Scherben hineingefahren. Vorn ist der Schlauch geplatzt.

7. Zunächst einmal ist Karl der Schuldige. Denn er hat ja mutwillig die leere Flasche auf die Straße geworfen, dass es nur so geknallt hat. Ernst trifft vielleicht ein bisschen weniger Schuld, denn er hat ja zunächst Karl davor gewarnt, die Flasche wegzuwerfen. Ernst sieht zwar ein, dass er die Scherben eigentlich hätte aufheben sollen, weil sie eine große Gefahr für den Straßenverkehr sind. Er ist aber zu faul gewesen, die Scherben aufzuheben und trägt so eine Mitschuld, dass Vater womöglich mit seinem Rad in Scherben hineingefahren ist.

8. Karl und Ernst beichten Vater die ganze Geschichte und entschuldigen sich bei ihm für ihr unüberlegtes Handeln. Sie wollen ihm bei der Reifenreparatur helfen. Aber Mutter schimpft: „Vater hätte ja mit dem kaputten Rad stürzen und sich verletzen können. Geht sofort auf die Straße und sammelt die Scherben in einer Tüte ein!"

9. Ausgerutscht

Elfi verspeist gerade auf dem Nachhauseweg von der Schule ihre letzte Banane. Die Bananenschale hat sie achtlos auf den Gehsteig geworfen. Ein alter Mann hat dies gesehen und schimpft: „Wirf gefälligst die Bananenschale in den Müllkorb und nicht auf den Gehsteig!" Aber Elfi lacht bloß und schlendert unbekümmert weiter. Als sie kaum fünfzig Meter weitergegangen ist, hört sie plötzlich einen Schrei. Elfi bleibt vor Schreck stehen, dreht sich um und sieht eine alte Frau auf dem Gehsteig liegen. Elfi rennt zurück und hört, wie die alte Frau jammert: „Jemand hat eine Bananenschale weggeworfen und ich bin darauf ausgerutscht und gestürzt. Oh, tut dies weh!" Elfi ist bestürzt, hilft der alten Frau beim Aufstehen und heult: „Ich bin schuld, dass Sie gestürzt sind. Ich habe die Bananenschale auf den Gehsteig geworfen. Es tut mir so Leid!" Gott sei Dank ist der alten Frau nichts Schlimmes passiert. Elfi will der alten Dame helfen und trägt ihre schwere Einkaufstasche nach Hause.

23 Probe zur Lesefertigkeit: **Noch mal Glück gehabt**

Schüler lesen den Text mehrmals zur Übung durch. Danach wird ihre Leseleistung durch richtiges Vorlesen der Geschichte bewertet.

24 ### Glücksbringer

Marienkäfer - vierblättriges Kleeblatt - Glücksschwein

25 **1.** Ausmalen der vier Marienkäferarten in den angegebenen Farben.

2. Großes Glücks-Quiz

7 schwarze Punkte (S) - durch Tasten (P) - 50 Blattläuse (A) - Siebenpunkt (R) - gefräßige Larven (S) - neun Monate (C) - zu welcher Art er gehört (H) - das vierblättrige Kleeblatt (W) - reich (E) - froh (I) - glücklich (N)   Lösungswort: SPARSCHWEIN

26 Kaminkehrer, Schornsteinfeger - Hufeisen - 1 Pfennig

27 **3.** Der Kaminkehrer wünscht den Leuten Glück.

4. Sein Körper ist mit Ruß vom Kamin bedeckt.

5. Die Hufe von Pferden wurden mit Hufeisen beschlagen, konnten so weniger wegrutschen.

6. Hufeisen mit der Öffnung nach oben

7. Münze als Glückbringer: 1 Pfennig, 1 Pf

8. Schüler malen und beschreiben ihren persönlichen Glücksbringer.

Der Feldhamster

29 **1.** Feldhamster-Quiz

a) x zehnmal (H) - b) x 5 - 10 Junge (A) - c) x Wohnkessel (B) - x Vorratskammer (I) - d) x Schnecken (C) - e) x sieht gut (H) - x riecht gut (T)   Lösungswort: H A B I C H T

2. Ohren: im Fell versteckt - Augen: Hamster sieht gut - Nase: Er riecht gut - Zähne: je zwei Nagezähne - Schnurrhaare: dienen zum Tasten - Vorderpfoten: zum Umbiegen von Halmen

3. Ein Hamster legt auch Vorräte an und zwar in der Vorratskammer seines Baues. Legt ein Mensch Vorräte an, sagt man: Er hamstert, eben wie ein Hamster.

4. Niederschrift: Der Goldhamster - ein kuscheliges Haustier

Mein Goldhamster heißt Kuschelwuschel. Ich liebe ihn, weil er ein golden schimmerndes Fell hat und so kuschelig weich ist. Er hat große Backentaschen und frisst Körner und Grünfutter. Ich halte ihn bei mir zu Hause, füttere ihn mehrmals täglich, reinige seinen Käfig und spiele oft mit ihm. Mein Goldhamster darf auch außerhalb des Käfigs umherlaufen. Da muss ich aber aufpassen! Mein kleiner Nager knabbert schon mal gerne Möbel an.

Der tollpatschige Osterhase

30

1. Ähnliche Bedeutungen: x ungeschickt   x unbeholfen   x tölpelhaft

2. Farben - Körperteile: rot --> seine Nase; gelb, grün --> seine Ohren; blau, weiß --> seine Beine; violett --> sein Schwänzchen

31

3. Hahaha, du hast ja eine ganz rote Nase! Hahaha, du hast ja ein gelbes Ohr! Hahaha, du hast ja ein blaues Bein! Hahaha, du hast ja ein violettes Puschelschwänzchen!

4. x Der Osterhase wurde traurig.   x Er verlor seinen Mut.

   x Ihm war die Sache äußerst peinlich.

5. Reihenfolge der Sätze: 2   1   4   3   5

6. Auf viele Eier hatten sich kleine Gräser, Blüten und Blätter gelegt. Die Eier in der Farbpfütze bekamen Muster von Pflanzenteilen, waren bunt gesprengelt. Es bildeten sich auf den Eiern wundervolle, farbige Ziermuster.

32

7. Auf manche Eier hatten sich Gräser und Blumen gelegt. Diese Stellen blieben weiß, weil keine Farbe auf die Eier gelangen konnte. Es bildeten sich Blatt- und Blütenmuster von Blumen.

8. Schüler malen Eier mit Mustern farbig an.

9. Trotz oder wegen seiner Tollpatschigkeit waren die Eier auf dem Waldboden wunderschön geworden.

10. Sie hätten ihm zeigen können, wie er den Pinsel ruhig hält.

33

11. Schüler malen das Bild mit den versteckten Eiern farbig an.

12. Oster-Geschichte: Franzi sucht im Garten nach Ostereiern.

Franzi wacht am Ostersonntagmorgen schon früh auf. Schnell zieht er sich an und rennt aufgeregt in den Garten. Dort hat der Osterhase - wie immer - die bunten Eier versteckt. Franzi schaut hinter dem Zaun nach, aber da liegt kein Ei. Er sucht weiter und blickt unter eine Bank. „Oh, da liegt ein rot bemaltes Ei!", ruft er laut und legt es in sein Körbchen. Unter der großen Wurzel eines Baumes erspäht er ein grünes Ei. „Oha, dieses Ei ist gut versteckt, hab es doch entdeckt!", frohlockt er freudestrahlend. Vorsichtig hebt er den Ast einer kleinen Fichte hoch. Was liegt denn da? Ein ganzes Nest mit bunten Eiern. „Oh, wundervoll, jetzt ist der Korb gleich voll", ruft er seiner Mutter zu, die inzwischen auch in den Garten gekommen ist. Sie gibt dem Franzi einen Rat: „Schau doch mal unter dem Busch nach!" Und tatsächlich! Franzi entdeckt einen großen Osterhasen aus Schokolade. „Das ist mein größter Fund", jubelt er.

Tiere der Hecke

35

1. x Grundstücksbegrenzung   x Sichtschutz   x Windschutz   x Staubschutz

   x Nistplatz   x Lärmschutz

2. Der Wind bläst die fruchtbare Ackerkrume weg.

3. Eine Hecke schwächt den Wind ab. Die verzweigten Heckenwurzeln halten die Erde fest.

4. Im dichten Laubwerk kann das Nest von Raubvögeln schlecht eingesehen werden.

5. Singvögel: Blaumeise Zaunkönig Sperling Dompfaff

Die Heckenrose

37

1. a) Blütenblätter: x hellrosa   x blassrot

   b) Staubgefäße: x gelb

   c) Gefiederte Blätter: x grün

2. Aus Hagebutten kann hergestellt werden: x Marmelade x Tee x Gelee

3. Singvogel, der Kerne aus der Hagebutte pickt: x Grünling

4. Im Dickicht kann sich die Rose mit ihren Stacheln festhalten. Der Stachel, ein Reißhaken, schützt vor Tierfraß.

5. Dornen haben: x Weißdorn   x Schlehdorn   x Berberitze

6. Hole die Samen mit Härchen aus der Hagebutte.

7. Die Heckenrose blüht im Juni. Nach der Bestäubung fallen die Blütenblätter ab. Im Juli bildet sich der grüne Fruchtknoten aus, wächst im August heran. Im September wird die Frucht rot und reif.

Die Amsel - ein Buschbrüter

39

1. Männchen: x schwarz   x gelber Augenring   x gelber Schnabel
  Weibchen: x braun   x brauner Schnabel   x Bauch: hellbraun

2. Die braunen Weibchen sollen angelockt werden. Die schwarzen Männchen sollen vertrieben werden.

3. Sie halten gelbe Blumen für den gelben Schnabel eines Rivalen.

4. Im dichten Busch sind die jungen Amseln im Nest vor Feinden geschützt.

5. Niederschrift: Wie leben junge Amseln im Nest?
Das Amselweibchen legt etwa Mitte April 4 bis 6 Eier ins Nest. Es brütet sie zwei Wochen lang aus. Danach schlüpfen die Jungen aus, die nackt und hilflos sind. Sie können weder sehen noch fortfliegen, müssen im Nest eine Zeit lang hocken bleiben. Sie heißen deshalb Nesthocker. Die Amseleltern füttern abwechselnd ihre Jungen. Jeder Jungvogel sperrt dabei seinen Schnabel weit auf. Ein gelbroter Fleck wird sichtbar, der die Altvögel zum Füttern anregt. Somit ist das Nest für die Jungvögel Wohn- und Aufzuchtstätte.

Wie Tiere den Winter überleben

41

1. Einen Winterschlaf halten: x Haselmaus   x Igel   x Murmeltier

2. Sie fressen sich im Herbst so viel Fett an, dass sie davon im Winter leben können.

3. Sie haben zu wenig Körperfett, von dem sie im Winter zehren könnten.

4. Es sammelt im Herbst Nüsse, versteckt sie im Boden.

5. Einige Fische verfallen im Winter in   x eine Winterstarre.

6. Wasserpflanzen wie Binsen und Schilf erzeugen Sauerstoff.

7. Niederschrift: Wie überlebt der Karpfen den Winter?
Im Herbst wühlt sich der Karpfen in den Bodenschlamm eines Sees ein. Dort verbringt er den Winter in der Winterstarre. Er zehrt von seinem Körperfett.

Leseprobe: Ernähre dich richtig

43

1. Vier Lebensmittel: Brot, Nudeln, Reis, Müsli	4 P.
2. Viel Fett enthalten: x Butter x Speck x Sahne	3 P.
3. Drei Milchprodukte: Jogurt Quark Käse	3 P.
4. Gemüsesorten: Salat Karotten Gurken Kürbis	4 P.
5. Frühstück: x Müsli x 1 Glas Milch x Vollkornbrot x Jogurt x Orangensaft	5 P.
Schulpause: x Apfelsaftschorle x 1 Banane x 1 Brezel x 1 Apfel	4 P.
Mittagessen: x Huhn mit Reis x Spagetti, Ketchup	2 P.
Abendessen: x 1 Schinkenbrot x Früchtetee x Obstsalat x Gemüsesuppe	4 P.
6. Trinke mehrmals am Tag: z. B. Mineralwasser Milch	
Vermeide Getränke wie: z. B. Cola süße Limonade	4 P.
7. • vor vielen Krankheiten • wenige Süßigkeiten	
• machen dick • viel Fett • viel Zucker	
• mehrmals Mineralwasser • die Muskeln schwach	7 P.
	40 P.

Die Prinzessin auf der Erbse

44
45

1. Schüler ergänzen das Bild vom Märchenschloss.

2. Es war einmal ein Prinz, ...

3. Personen im Märchen: Prinzessin   Prinz   König   Königin

4. Schauplatz des Märchens: Es ist ein S c h l o s s.

5. Fand der Prinz eine Prinzessin? x nein

6. x Die Frau behauptete, eine wirkliche Prinzessin zu sein.

7. Ideen der Königin, ob die junge Frau eine Prinzessin sei:

Kann die Prinzessin erkennen, unterscheiden und beim Namen nennen

- verschiedene Edelsteine wie Brillianten, Smaragde, Rubine?
- feine Stoffe wie Seide, Samt, Damast, Brokat?
- königliche Tänze wie Menuett, Polonäse, Quadrille, Walzer?
- höfisches Benehmen wie richtiges Verbeugen, Hofknicks?

8. Die Königin legte die Erbse auf den Boden der Bettstelle und legte darauf 20 Matratzen und 20 Eiderdaunenbetten.

9. Würdest du die Erbse spüren? x ja

10. Wahrscheinliche Antwort: x Ich fühle nichts.

11. Antworten der Prinzessin: a x   c x   e x

12. Die Prinzessin hatte die Erbse gefühlt durch die 20 Matratzen und die 20 Eiderdaunenbetten. So feinfühlig konnte nur eine wirkliche Prinzessin sein.

13. Die Königin will eine feinfühlige Prinzessin haben, die arme Kinder beschenkt, Kranke pflegt, hungernde Menschen speist, ihre Kinder fürsorglich behandelt, nett zur Königin ist.

Der Esel und der Hund

1. Übers Feld lief: x ein Esel   x ein Bauer   x ein Hund

2. Der Bauer wurde müde.

3. Er freute sich, weil er frisches saftiges Gras fressen konnte.

4. Der Hund war hungrig, wollte fressen.

5. x Der Esel war faul.   x Der Esel hatte keine Lust.

6. „Warte, bis dein Herr aufwacht und dir was zu fressen gibt."

7. „Hund, zu Hilfe, zu Hilfe!"

8. „Warte, bis dein Herr aufwacht, der schützt dich vor dem Wolf."

9. Der Esel hatte dem Hund auch nicht geholfen. Der Hund hatte auch Angst vor dem Wolf.

10. x Wer einem anderen nicht hilft, dem wird auch nicht geholfen.

   x Man hilft besser einander.

   x Wenn du anderen hilfst, dann helfen sie dir vielleicht auch.

11. Fabel: Esel und Hund halfen einander

Ein Bauer, ein Esel und ein Hund liefen einmal über eine Wiese. Während der Esel zu grasen begann, legte sich der müde Bauer unter einen Baum. Da fragte der Hund den Esel: „Lieber Freund, ich bin auch hungrig. Bücke dich etwas, dann kann ich mein Essen aus dem Korb holen." Das tat der Esel auch. Der Hund holte sich ein Stück Fleisch aus dem Korb. Kaum hatte der Hund angefangen zu fressen, da tauchte hinter einem Busch ein hungriger Wolf auf und wollte sich auf den Esel stürzen. Voller Angst rief der Esel: „Hund, lieber Freund, komm mir zu Hilfe! Ein Wolf!" Der Hund sprang sofort dem Wolf entgegen und fletschte seine scharfen Zähne. Er bellte und knurrte so laut, dass der Wolf - es war ein junges Tier - die Flucht ergriff. Inzwischen war auch der Bauer von dem lauten Gebell seines Hundes aufgewacht und sah noch den fliehenden Wolf. Er belohnte den Hund mit einer Riesenbockwurst. So sei es geschrieben: Wer einmal hilft, dem wird später auch geholfen.

Die Legende vom Ochsen und dem Esel

1. Kein Tier wollte die heilige Nacht versäumen, ein jedes im Stall das Jesuskind erwarten.

2. Jedes Tier wollte das erste sein, um im Stall unterzukommen.

3. Tiere in der Legende: x Löwe   x Fuchs   x Pfau   x Esel   x Ochs

4. „Wie gedenkt ihr, dem Herrn der Welt zu dienen?"

5. „Ich werde jeden zerreißen, der dem Stall zu nahe kommt."

6. Der Fuchs wollte stehlen: x eine Gans   x einen Topf Honig

7. Der Pfau glänzte mit seinen P f a u e n f e d e r n.

8. „Löwe, du bist mir viel zu w i l d." „Fuchs, du bist viel zu f r e c h." „Pfau, du bist viel zu p u t z s ü c h t i g."

9. Ochs und Esel hatten gelernt:
x schwere Lasten zu tragen, x folgsam zu sein, x den Menschen mit Arbeit zu dienen,
x auf das Wort des Menschen zu hören.

10. Eigenschaften der Tiere: x arbeitsam   x folgsam   x willig   x demütig   x aufopfernd

11. Last abnehmen? - einem Mitschüler bei den Hausaufgaben helfen - einem kleinen Kind den schweren Schulranzen tragen

Mutter helfen? - beim Kochen helfen, Gemüse putzen - Müll wegtragen

Folgsam sein? - wenn Erwachsene dich vor einer Gefahr warnen - wenn Mutter dich ermahnt, endlich die Hausaufgaben zu machen   - beim Baden in der Mittagszeit unbedingt Körper eincremen

Hilfe bei Hausaufgaben? - dem Banknachbarn schwierige Aufgaben erklären - eine Geschichte im Lesebuch vortragen - Wörter einer Nachschrift gemeinsam schreiben lernen - 1x1 einüben

Der Mampf

52

1. Er sammelt die Körner in seinen dehnbaren Backentaschen.

2. Er hat Vorräte in seinem Bau gesammelt, hält Winterschlaf.

3. Der Mähdrescher fährt über das Getreidefeld, mäht und drischt das Getreide. Die Körner fallen in einen Begleitwagen.

53

4.
1	Trippel, trappel, es ist so weit,
2	schon beginnt die Erntezeit.
3	Viele Körner liegen im Feld umher, toll!
4	Damit stopft sich Mampf die Backentaschen voll.
5	Und nun husch in den Bau hinein,
6	die Vorratskammer will ja gefüllt sein.

5. Trippel, trappel, Körner fassen,
kein Korn auf dem Felde lassen!
Hamster, sag: Mampf
Ratter, ratter, nur immerzu,
der Wagen mit Körner voll, im Nu!

Novemberwetter

54

1. 1. Strophe: Klitsch, klitsch, **klatsch, Matsch.**
   2. Strophe: Klick, klick, **kleck, Dreck.**
   3. Strophe: Plim, plim, **plam, Schlamm.**

55

2. bis **5.** Übungen zur Steigerung der Lesefertigkeit

Mein Ball

56

1. Mein Ball: ... hoch wie der Hans, ... hoch wie ein Pferd, ... hoch wie eine Kuh, ... hoch wie ein Schwein, ... hoch wie eine Gans, ... hoch wie ein Wetzstein.

2. Schüler erzählen das Märchen vom Hans im Glück.

3. Reimwörter: kann - Mann; Mann - dann; Maus - Laus; Laus - aus

4. Mein Ball hüpft hoch ... wie ein Mann; wie eine Kuh; wie ein Kalb; wie eine Maus; wie eine Laus

57

5. Der Lederball hüpft   x fünfmal auf.

6. Im Gedicht hüpft der Ball   x fünfmal auf.

7. Der Ball hüpft   x immer weniger hoch.

8. Der Ball springt immer weniger hoch. Auch die Tiere werden immer kleiner.

9. Der Dichter wiederholt das Wort „dann" fünfmal. Auch der Ball springt wiederholt hoch, nämlich fünfmal.

10. Gegenstände, die immer niedriger werden:
Schrank - Tisch - Hocker - Zigarrenschachtel - Zündholzdose

Kinderkram

58

1. Reimwörter: Luftballon - Kaubonbon; Sheriffstern - Pflaumenkern; Kupferdraht - Zinnsoldat;

59	Zündholzdose - Peters Hose; Taschentuch - Platz genug
	2. Betontes Vorlesen der Endreime
	3. Jeder Schüler schreibt auf, was sich alles in seiner Hosentasche an Kram angesammelt hat.
	4. Wertvolle Dinge: Schüler kreuzen sie individuell an.
	5. Mit einem Messer kannst du dich und andere verletzen. Ein brennendes Zündholz kann ein Feuer entfachen.
	6. Mit einem sauberen Taschentuch kannst du dir die Nase putzen.
	7. Nüsse, Apfelkern Feder, Spielzeugmaus, Nur das Taschentuch
	     Bonbons, Silberstern, Kette, Schneckenhaus, hat nicht Platz genug.
	     Münze, Hosenknopf, ja sogar eine Schminkdose
	     Ring, Puppenzopf, ist in Peters Hose.

Knecht Ruprecht

60	**1.** der Wald - die Tannenspitzen - die Lichtlein - das Himmelstor - die Augen - das Christkind - der Tann - die Stimme **2.** kommen - sagen - weihnachten - sehen - sitzen - hervorsehen - strolchen - rufen - heben - sputen - fangen - brennen **3.** Bild von **Knecht Ruprecht** farbig anmalen. **4.** Von drauß' vom Walde komm ich her; ich muss euch sagen, es weihnachtet sehr! Allüberall auf den Tannenspitzen sah ich goldene Lichtlein sitzen; und droben aus dem Himmelstor sah mit großen Augen das Christkind hervor; und wie ich so strolcht' durch den finstern Tann, da rief's mich mit heller Stimme an: „Knecht Ruprecht", rief es, „alter Gesell, hebe die Beine und spute dich schnell! Hast denn das Säcklein auch bei dir?" Ich sprach: „Das Säcklein, das ist hier."

Es war einmal ein Kind

61	**1.** Fehlende Wörter: Wald - Kuh - Bett - Haus **2.** Im Haus spielte es mit einer Puppe und kochte sich eine Suppe. Die Suppe war viel zu heiß, dafür bekam es keinen Preis. Der Preis für einen Koch - war ihm viel zu hoch!

Die Feder

62	**1.** Schüler erzählen frei die Geschichte von der Feder. **2.** Land - Sand; wecken - necken; Feder - Leder; Rachen - lachen **3.** Reihenfolge der Wörter: vier, zwei, gleich, Reimwörter, Reim **4.** Es liebte, andere zu wecken. **5.** Es streichelte das dicke Nilpferdleder. **6.** b x **7.** Der Dichter will unterhalten. Das Nilpferd wird zwar geneckt, lacht aber darüber.
63	**8. Federchens Luftreise** An einem sonnigen Frühlingstag putzte ein Entchen am Weiher sein Gefieder. Dabei riss es sich mit dem Schnabel ein Federchen aus. Ein Wind kam auf und die kleine, leichte Daune schwebte in der Luft von dannen. Das Federchen tanzte, purzelte und schlug vor lauter Übermut Saltos. Endlich war es in der Straße eines Dorfes angelangt. Der Wind ließ nach und es schwebte hernieder. Vorwitzig setzte es sich auf die Schnauze eines Hofhundes, wollte ihn necken. Aber der Hund schnappte wütend nach dem Federchen. Da flog es flugs weiter. Da kam ein Bauer mit seinem Pferdegespann daher. Es setzte sich geschwind auf die Nase des Bäuerleins und kitzelte sie. Der Bauersmann musste so laut niesen, dass die Pferde wild wurden und davongaloppierten. Da flog es wieder weiter. Plötzlich kam eine Amsel angeflogen, wollte das Federchen packen, um damit ihr Nest zu polstern. Doch das Federchen ließ sich nicht fangen. Ein Wirbelsturm kam auf. Es wurde hoch in die Wolken gerissen und flog übers hohe Gebirge bis ans blaue Meer. Dort setzte es sich auf einen Schiffsmasten und wartete darauf, bis die Reise weitergehen würde.

64	## Was denkt die Maus am Donnerstag? **1.** Schüler unterstreichen im Gedicht die Satzteile: an jedem Tag/und jeden Tag. **2.** b x Die Maus denkt an jedem Tag immer nur dasselbe. **3.** O hätte ich ein Wurstebrot, mit viel Wurst, wenig Brot! O fände ich ein riesengroßes Schinkenstück. **4.** Lösungen: a x c x
65	**5.** Maus: ängstlich - furchtsam - klein - unterlegen - verschüchtert Katze: groß - überlegen - feindlich - gefährlich - räuberisch **6.** Die Maus will der Katze überlegen sein, ein Held sein. Der Katze soll es schlecht gehen. **7.** Die Maus könnte jetzt mit der Katze spielen, sie packen, hochwerfen und beißen. Die Katze müsste Reißaus nehmen. **8.** Sinn des Tiergedichtes: a x c x
66	## Sommerelfchen **1.** Im Gedicht kommen insgesamt **elf** Wörter vor. **2.** Winterelfchen: Rodeln - Bahn frei - Eins, zwei, drei: - Hang hinab, rumms, schwapp! - Aua! **3.** Herbstelfchen: Sturm - Blätter fallen - Kastanien, Eicheln sammeln - Äpfel schmecken so gut - Schmatz; Frühlingselfchen: Wiese - Blumen blühen - Hummeln, Bienen summen - Liege im grünen Gras - Träume

67	## Die Katze
	1. Im Text verstecktes Wort: K A T Z E
	2. Meistens werfen Weibchen sechsmal 3 bis 6 Junge im Jahr.
	  Augen sehen schlecht, das Tier hört und sieht gut.
	  Und alle Vorräte im Haus kann es fressen.
	  Seinen Schwanz benutzt das Tier als Kletterhilfe. M A U S
	3. Der Elefant - E L E F A N T
	Elefanten sind von Natur aus feinfühlig und gutmütig.
	Laufen, riechen und trinken können Babys gleich nach der Geburt.
	Ein Elefant lässt sich im Zirkus Kunststücke beibringen.
	Fürsorglich kümmert sich die Elefantenmutter um ihr Baby.
	Aussehen: plumper Rumpf, große Ohren, langer Rüssel, zwei Stoßzähne
	Nach einem Jahr erst fressen Elefantenbabys Blätter und Gras.
	Trinken mit dem Rüssel muss das Baby erst lernen.

68	## O unberachenbere Schreibmischane **1.** In einigen Wörtern sind die Selbstlaute vertauscht. **2.** O unberechenbare Schreibmaschine **3.** ..., was bist du für ein wunderliches Tier? Du tauschst die Buchstaben ganz nach Vergnügen und schreibst so schönen Unsinn aufs Papier! Du tippst die falschen Tasten, lieber Bub! O sage mir, was kann da ich dafür? **4.** Ist die Schreibmaschine unberechenbar? x nein **5.** Der Bub wirft der Schreibmaschine vor, dass sie unberechenbar ist, die Buchstaben vertauscht, Unsinn schreibt.
69	**6.** Du, lieber Bub, tippst selbst die falschen Tasten. **7.** Der Dichter macht die Fehler, um ein lustiges Gedicht zu schreiben. Auch der Bub kann - bewusst oder unbewusst - Fehler machen. **8.** O du alte Klippermaschane, wie kinnst du mach nur so ärgern? Ständig blaben die Teisten hängen und die Bachstuben kann man kem noch lausen. Jetzt kaufe ich mir einen Cumpoter. Dann habe ich mune Reihe. **9. Im Kahstull** Eine Kah stund ruhig am Still. Da kam die Bieräun, melkte uhre Kih. Plötzlich wedelte du Kieh met dim Schwanz. Die Bieräun fiel, o Schreck vom Heckor. Der veille Milchomer kuppte im. So was Demmus!
70	## Drachen Mirolux **1.** Abgemähte Getreidefelder = Stoppelfelder

2. Erwins Drachen heißt: x Mirolux.

3. Ein Windstoß hat den Drachen zum Taumeln gebracht.

4. Höhepunkt: O Schreck! Mirolux stürzt ab.

5. Erwins Glück beim Drachensteigen

Erwin hat sich einen schönen, bunten Drachen gebastelt und darauf ein lustiges Gesicht gemalt. Seinem Drachen gibt er den Namen Mirolux. Aufgeregt läuft Erwin mit seinem Drachen auf ein großes Feld. Oha! Was sieht er da? Die Getreidefelder sind schon abgemäht. Viele Kinder lassen auf den Stoppelfeldern ihre Drachen steigen. Der Herbstwind bläst kräftig. Erwins Drachen wird vom Wind hochgehoben und fliegt am höchsten. Erwin ist so stolz auf Mirolux. Oje! Da kommt ein Windstoß! Sein Drachen kommt ins Taumeln, schwingt hin und her. Mirolux stürzt ab! Doch zum Glück fängt er sich wieder. Ein Aufwind trägt ihn wieder nach oben. Er schwebt fast in den Wolken. Nach einer halben Stunde holt Erwin die Drachenschnur ein. Sein Mirolux landet sicher auf dem Acker.

71   **6. Drachengedicht**   Hui!

Der Wind

Er bläst und braust.

Kinder lassen ihre Drachen steigen.

Ein Feuerdrachen schießt steil in die Höhe.

Franz ruft: „Toll, wie er hochsaust!"

Achtung, der Drachen stürzt ab!

Ob er sich wieder fängt?

Ja! Er fliegt hoch!

Wie wunderbar

Ahoi!

Gemüseball

72   **1.** Herr von Zwiebel tanzte mit Frau von Petersil. Prinzessin Sellerie tanzte mit Prinz Rosenkohl. Baron von Kopfsalat tanzte mit Frau von Sauerkraut. Ritter Kürbis tanzte mit Gräfin Paprika.

2. Prinzessin Sellerie: x fein   x schicklich   x fühlte sich glücklch

3. Baron von Kopfsalat tanzte: x leicht   x herzlich

4. Ritter Kürbis trat ihr oft auf die Zehen.

73   **5.** Reimwörter: Zwiebel - übel; schicklich - glücklich; herzlich - schmerzlich; Zehen - stehen

6. Gemüsesorten: die Zwiebel - die Petersilie - der Sellerie - der Rosenkohl - der Kopfsalat - der Weißkohl - der Kürbis - die Paprika

7. Gemüseball: Der feine Herr von Blumenkohl - tanzte ganz vorzüglich - mit der Frau Spinat - doch die fand es nicht schicklich.

Das Brot

74   Vorbereitende Arbeitsaufträge: Satzteile farbig unterstreichen.

Zwei fast gleiche Sätze: Es ist doch nicht etwa von dir? Es ist doch bestimmt nicht von dir?

75   **Leseprobe: Das Brot**

1. x Asche   x Flasche   x Seidenpapier   x Kartoffelschalen   4 P.

2.   Der Regen musste die Erde tränken.

Die Sonne verschenkte ihr Leuchten.

Ein Bauer musste sich mühn.

Ein Backofen musste erglühn.   4 P.

3. ① Samen säen   ② Getreidehalme mähen   ③ Ähren dreschen

④ Mehl mahlen   ⑤ Teig kneten   ⑥ Brot im Ofen backen   5 P.

4. Das Brot ist doch bestimmt nicht von dir?   2 P.

5. Was du niemals vergessen darfst: x in Dankbarkeit Brot essen   x kein Stück Brot fallen lassen   x an den Hunger in der Welt denken   x Brot teilen lernen   4 P.

6. Lösungsvorschlag: Ich habe nicht daran gedacht, dass Kinder hungern in der Welt, dass Brot Arbeit bereitet, dass Brot ein heiliges Gut ist.   3 P.

                   22 P.

Lissi feiert Geburtstag im Zoo

76

Heute ist ein warmer Sommertag. Die <u>Sonne</u> lacht vom Himmel. Lissi wünscht sich, ihren <u>achten</u> Geburtstag im <u>Zoo</u> zu feiern. Am Nachmittag <u>um 1 Uhr</u> brechen deshalb Vater, Mutter, Lissi und Peter auf und fahren mit dem <u>Bus</u> zum Zoo. Mutter hat im <u>Korb</u> eingepackt: drei <u>Orangen</u>, vier <u>Bananen</u>, fünf <u>Äpfel</u> und die <u>Geburtstagstorte</u> für Lissi. Beim Zoo angekommen, betreten alle vier zunächst den Kuschel<u>zoo</u>. Lissi freut sich riesig: „Ui, da hoppelt ein putziges <u>Kaninchen</u> daher!" <u>Peter</u> und <u>Lissi</u> streicheln das zutrauliche <u>Kaninchen</u> hinter den <u>Ohren</u>. In der Hütte blökt ein <u>Lamm</u> und eine <u>Ziege</u> meckert. Da kommt auch schon ein <u>Zicklein</u> dahergesprungen. Plötzlich ruft <u>Peter</u>: „Schau, ein Pfau!" Der bunte <u>Pfau</u> plustert sich auf und schlägt ein <u>Rad</u>. <u>Lissi</u> darf auf einem <u>Pony</u> reiten und bestaunt die <u>Enten</u> im <u>Teich</u>. Danach schlendern alle weiter und laufen über die <u>Brücke</u> eines <u>Baches</u>. Auf dem Picknickplatz setzen sie sich auf eine <u>Bank</u>. Dort machen sie Brotzeit und verspeisen Lissis <u>Geburtstagstorte</u>. Vor ihnen liegt eine blühende <u>Wiese</u>. Ein <u>Vogel</u> singt, die <u>Bienen</u> summen und ein gelber <u>Schmetterling</u> fliegt von <u>Blüte</u> zu <u>Blüte</u>. Die Familie besucht nun die großen Tiere im Zoo. Ein <u>Tiger</u> liegt auf einem Felsen, ein <u>Eisbär</u> springt ins kalte <u>Wasser</u> und ein brauner <u>Bär</u> brummt Furcht erregend hinter einem <u>Busch</u>. <u>Elefanten</u>baby Bimbo spritzt mit seinem <u>Rüssel</u> Lissi mit Wasser an. Oje! Trotzdem hat sich Lissi gefreut, Geburtstag im <u>Zoo</u> feiern zu können.

77

1. Namen der Tiere: Kaninchen - Lamm - Ziege - Zicklein - Pfau - Pony - Ente - Schmetterling - Tiger - Eisbär - Bär - Elefant

2. Schüler lautieren alle Tiernamen.

3. Jeder Schüler schreibt individuell seine Zoogeschichte auf.

Rotfuchs liest gern Bücher

78

1. Schüler malen die vier Bilder farbig aus.

2. Besprechen der Gestaltungshinweise. Schüler schreiben zur Übung zu jedem Punkt Sätze auf ins Heft.

3. Rotfuchs Rossi liest gern Bücher

Entspannt sitzt Rotfuchs Rossi auf einer Wiese. Er liest mithilfe einer dicken Brille in einem Buch die aufregende Geschichte von einer wilden Fuchsjagd. Diese erzählt spannend, wie die Hunde des Jägers einen schlauen Fuchs verfolgen. Dem Fuchs gelingt es, die Hunde des Jägers durch viele Tricks in die Irre zu führen und er versteckt sich schließlich in seinem verzweigten Fuchsbau. Rossi merkt gar nicht, dass ihn hinter dem Hügel ein Jäger auflauert. Dieser beobachtet ihn neugierig von einem Busch aus. Leise schleicht sich der Jägersmann an seine Beute heran. Der Förster denkt sich: Was für ein spannendes Buch liest denn dieser dumme Rotfuchs? Er merkt gar nicht, dass sein Todfeind kommt! Rasch hält er dem erschrockenen Rossi den Lauf der Flinte an das rechte Ohr. „Hab ich dich endlich erwischt, du Gauner!", flüstert der Jäger. Laut ruft er: „Hände hoch." Zu Tode erschrocken streckt Rossi seine Pfoten hoch und hält dabei dem Förster das spannende Buch vor die Nase. Neugierig beginnt der Jäger zu lesen. Langsam lässt er die Hand mit seiner Flinte sinken. Plötzlich fasst er das Buch mit beiden Händen. Dabei entfällt ihm das Gewehr. Er liest nun gespannt die Geschichte von der wilden Fuchsjagd. Rossi bemerkt, dass der Jäger abgelenkt ist und schleicht sich auf seinen vier Pfoten leise davon. Schadenfroh kichert er: „Hihihi, jetzt hab ich den dummen Jäger überlistet. So schnell kriegt der mich nicht mehr! Jetzt werde ich mein Leben richtig genießen."

Kennst du mich?

79

1. Wie heiße ich? K u c k u c k

Wie man ein Tierrätsel schreiben lernt:

• Stichpunkte zum Tier nach bestimmten Gesichtspunkten sammeln.

• Zu den Stichpunkten kurze Sätze formulieren und aufschreiben.

• Je zwei Sätze notieren, die zusammenpassen. Beiden Sätze müssen sich aber nicht reimen.

• In Partner- oder Gruppenarbeit zwei Sätze mit Endreimen finden.

2. Kennst du mich? - Lösungsvorschläge zum I g e l

Mein Körper ist plump und klein, kann auch eine Kugel sein. Im Herbst bin ich ein Fettwanst, im Frühling dürr, wie du sehen kannst. Du schläfst sicher nicht so lang, den ganzen Winter über bis zum Frühlingsanfang. Mache Insekten, Raupen und Würmer den Garaus. Verspeise gern auch eine junge Maus. Mit Stacheln bin ich vor Feinden geschützt. Sie greifen mich an, doch es hat nichts genützt.

3. Schüler schreiben ein kurzes Tierrätsel mit vier/sechs Zeilen.

Kennst du mich? - Beispiel für ein Tierrätsel ohne Endreime

Habe einen schlanken Körper, aber einen buschigen Schwanz. Putze mehrmals am Tag mein Fell. An jedem Baumstamm klettere ich geschwind hoch. Kann geschickt von Ast zu Ast springen. Verstecke im Herbst Haselnüsse und Eicheln im Boden. Finde meine Vorräte auch im Winter wieder.

Wie heiße ich? E i c h h ö r n c h e n

Hanno malt sich einen Drachen

81

1. Hanno vertrödelt die Zeit im Bad. Er soll pünktlich in der Schule sein.

2. Viele Kinder lachen Hanno aus, weil er so dick ist.

3. Schimpfworte von Ludwig: Bratwurstfriedhof - Fußballbauch

4. Hanno ist: x traurig   x dick   x alleine   x verärgert

5. Fächer: Deutsch (Lesen) - Mathematik (Rechnen) - Kunst (Zeichnen) - Sport (Turnen)

6. Wie Hanno in der Schule geholfen werden kann: Deutsch: Partner korrigiert Rechtschreibfehler von Hanno; Mathematik: schwierige Textaufgaben gemeinsam lösen; Kunst: mit Hanno eine Klassenzeichnung an die Tafel malen; Sport: Hanno ins Fußballtor stellen, ihn viel loben; Sprechchor: Hanno vor, Hanno ins Tor!

83

7. Lückentext: Auf dem Heimweg von der Schule setzt Hanno sich auf eine Bank und malt mit einem Stöckchen im Sand. Da formt sich ein kleiner Drache und wird lebendig. Er will bei Hanno bleiben.

8. Der Drache ist weggelaufen, x weil er so klein ist. x weil er so winzige Flügel hat. x weil er nur einen Kopf hat.

9. Mit einem Kopf rotes, mit dem anderen gelbes, mit dem dritten blaues Feuer.

10. Hanno und der Drache: beide sind Außenseiter, beide haben Schulangst.

11. Hanno malt sich einen Drachen

Hanno: dick - alleine - verlacht - ohne Freund - sportlich ungeschickt

Drache: klein - winzige Flügel - nur ein Kopf - speit nur Rauch - kann nicht fliegen

Ein außergewöhnliches Ei

85

1. Namen der drei Frösche: x Jessica   x August   x Marilyn

2. Er war schneeweiß, rund wie der Vollmund, so groß wie sie selbst.

3. Marilyn behauptete: x Das ist ein Ei, ein Hühnerei.

4. Das ausgeschlüpfte Tier war ein langes, schuppiges Geschöpf, das auf vier Beinen lief. K r o k o d i l ?

5. Warum das ausgeschlüpfte Geschöpf kein Huhn sein kann:

Ein Huhn hat Federn, keine Schuppen, grunzt nicht. Es hat zwei Beine, nicht vier; kann nicht schwimmen.

87

6. Frosch, der in Schwierigkeiten kam: x Jessica

7. Das Huhn rettete Jessica das Leben, befreite es aus den Algen.

8. „Deine Mutter hat dich gesucht! Ich bring dich zu ihr."

9. „Komm zu mir, mein süßer Alligator."

10. Jessica verabschiedete sich vom Huhn mit den Worten:

x „Ich vermisse dich sehr."   x „Besuch uns, bring deine Mutter mit."

11. Aus dem Ei ist kein Huhn, sondern ein Alligator geschlüpft.

12. Warum die Frösche den Alligator mit einem Huhn verwechselten:

Sie denken: Aus einem Ei kann nur ein Huhn schlüpfen, kennen aber weder ein Huhn noch einen Alligator.

Leseprobe: Das Vamperl

89

1. Frau Lizzi hat es aufgezogen: x mit Milch aus der Flasche.   1 P.

2. Wie der Mensch sein muss: x böse   x zornig   2 P.

3. Der Vampir versetzt dem Wüterich einen Stich in die Galle,

saugt das Gift aus ihr heraus.   2 P.

4. Sie ging mit Vamperl durch   x den Park.   x die Siedlung.   2 P.

5. Kinder fuhren   x im Kreis.   x einen Slalom.   2 P.

6. Kinder machten einen Langsamfahrwettbewerb.

Radfahren ist in der Anlage verboten!   2 P.

7. Wo sollen wir denn Rad fahren?   1 P.

8. x Vamperl stürzte sich auf den Hausmeisterbauch.

    x Es fing zu saugen an.   2 P.

9. Tja - wo sollen die Kinder wirklich Rad fahren?

Der Hausmeister erlaubte das Radfahren in der Anlage.   3 P.

                                             ——

                                             17 P.

91

10. „Tja - wo sollen sie denn Rad fahren?"

11. Auf der Straße dürfen kleine Kinder noch nicht fahren.

Auf den Gehsteig könnten alte Leute umgefahren werden.

12. „Aber passt gefälligst auf, dass nichts passiert."

13. Frau Lizzi kannte: x Hannes   x Klaus   x Karin   x Dieter

14. Spottvers: Ri-ra-rum, der Dieter, der ist dumm.

15. Kinder könnten Dieter helfen:

- ihn in der Schule in eine Neigungsgruppe aufnehmen (Leseecke)

- bei der Lösung von schwierigen Schul- und Hausaufgaben

- wenn sie ihn beim Fußballspielen auf der Wiese mitspielen lassen

- ihn zu einem Gartenfest, zu einer Geburtstagsfeier einladen

- ihm eine kleine Rolle beim Schulspiel übertragen

Gelöst!

MUSIK

1./2. JAHRGANGSSTUFE

 **NÖTH/VOGT**
MUSIK KOMPAKT
1. JAHRGANGSSTUFE
112 SEITEN, DIN A4
STUNDENBILDER
MIT KOPIERVORLAGEN
BEST.NR.: 266   20,90 €
BEGLEIT-CD: 026   19,90 €

 **M. UND E. HIRMER**
MUSIK KOMPAKT
2. JAHRGANGSSTUFE
108 SEITEN, DIN A4
STUNDENBILDER
MIT KOPIERVORLAGEN
BEST.NR.: 558   20,90 €
BEGLEIT-CD: 023   19,90 €

WERNER TENTA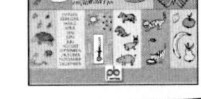
ZAUBERHAFTE
KINDERLIEDER U. GESCHICHTEN
1./2. JAHRGANGSSTUFE
96 SEITEN, DIN A4
KOPIERVORLAGEN
BEST.NR.: 996   19,90 €
BEGLEIT-CD: 029   19,90 €

 **GISELA STUCKERT**
KOMPETENZ-
ORIENTIERTER MUSIKUNTERRICHT
1./2. JAHRGANGSSTUFE BD.I
86 SEITEN, DIN A4
STUNDENBILDER +
KOPIERVORLAGEN
BEST.NR.: 116   20,90 €

 **GISELA STUCKERT**
KOMPETENZ-
ORIENTIERTER MUSIKUNTERRICHT
1./2. JAHRGANGSSTUFE BD.II
98 SEITEN, DIN A4
STUNDENBILDER +
KOPIERVORLAGEN
BEST.NR.: 117   20,90 €

CORINNA BEIERLEIN
LACH- UND SACH
KLANGGESCHICHTEN
1./2. JAHRGANGSSTUFE
31 SEITEN, DIN A4
KOPIERVORLAGEN
BEST.NR.: 017   9,90 €

MUSIK ALS DARSTELLUNG VON GESCHICHTEN
- SERGEJ PROKOFIEFF: PETER UND DER WOLF
- CAMILLE SAINT-SAËNS: KARNEVAL DER TIERE
- CAMILLE SAINT-SAËNS: ELEFANT/AQUARIUM/SCHILDKRÖTEN
- KARNEVAL DER TIERE: RÄTSEL
- KARNEVAL DER TIERE: TEST

MUSIK ALS PROGRAMM
ANTONIO VIVALDI: VIER JAHRESZEITEN – DER FRÜHLING

WIR MALEN MUSIK
HÖR- UND KLANGBILDER

MENSCH UND MUSIK
BERUFS- UND AMATEURMUSIKER

- KÖRPERINSTRUMENTE – WIR MACHEN MIT UNSEREM KÖRPER MUSIK
- WIR LERNEN ORFF-INSTRUMENTE KENNEN: FELL-, METALL- UND HOLZINSTRUMENTE
- WIR MACHEN MIT ORFF-INSTRUMENTEN MUSIK
- WIR BEGLEITEN GESCHICHTEN UND GEDICHTE MIT ORFF-INSTRUMENTEN UND KLANGSCHALEN
- WIR SPIELEN NACH KLANG- UND GERÄUSCHZEICHEN
- WAS IST RHYTHMUS?
- WIR LERNEN EINFACHE NOTEN UND NOTENWERTE
- WIR LERNEN VERSCHIEDENE INSTRUMENTE KENNEN
- WIR SINGEN UND BEGLEITEN LIEDER

3./4. JAHRGANGSSTUFE

 **GISELA STUCKERT**
KOMPETENZORIENTIERTER
MUSIKUNTERRICHT
3./4. JAHRGANGSSTUFE BD.I
MUSIK - MENSCH - ZEIT
98 SEITEN, DIN A4
STUNDENBILDER
MIT KOPIERVORLAGEN
BEST.NR.: 135   20,90 €

 **GISELA STUCKERT**
KOMPETENZORIENTIERTER
MUSIKUNTERRICHT
3./4. JAHRGANGSSTUFE BD.II
MUSIK UND IHRE GRUNDLAGEN
100 SEITEN, DIN A4
STUNDENBILDER
MIT KOPIERVORLAGEN
BEST.NR.: 136   20,90 €

CORINNA BEIERLEIN
LACH- UND SACH
KLANGGESCHICHTEN
3./4. JAHRGANGSSTUFE
27 SEITEN, DIN A4
KOPIERVORLAGEN
BEST.NR.: 387   9,90 €

 **M. UND E. HIRMER**
MUSIK KOMPAKT
3. JAHRGANGSSTUFE
110 SEITEN, DIN A4
STUNDENBILDER
MIT KOPIERVORLAGEN
BEST.NR.: 267   20,90 €
BEGLEIT-CD: 027   19,90 €

 **M. UND E. HIRMER**
MUSIK KOMPAKT
4. JAHRGANGSSTUFE
130 SEITEN, DIN A4
STUNDENBILDER
MIT KOPIERVORLAGEN
BEST.NR.: 559   22,90 €
BEGLEIT-CD: 024   19,90 €

WERNER TENTA
ZAUBERHAFTE
KINDERLIEDER U. GESCHICHTEN
3./4. JAHRGANGSSTUFE
122 SEITEN, DIN A4
KOPIERVORLAGEN
BEST.NR.: 537   19,90 €
BEGLEIT-CD: 019   19,90 €